金融大数据创新应用

中国支付清算协会金融大数据研究组　编著

中国金融出版社

责任编辑：肖　炜　董梦雅　方　蔚
责任校对：孙　蕊
责任印制：裴　刚

图书在版编目（CIP）数据

金融大数据创新应用（Jinrong Dashuju Chuangxin Yingyong）/中国支
付清算协会金融大数据研究组编著．—北京：中国金融出版社，2018.6
　ISBN 978 - 7 - 5049 - 9617 - 6

　Ⅰ.①金…　Ⅱ.①中…　Ⅲ.①金融—数据处理　Ⅳ.①F830.41

中国版本图书馆 CIP 数据核字（2018）第 129682 号

出版　**中国金融出版社**
发行

社址　北京市丰台区益泽路 2 号
市场开发部　（010）63266347，63805472，63439533（传真）
网 上 书 店　http://www.chinafph.com
　　　　　　（010）63286832，63365686（传真）
读者服务部　（010）66070833，62568380
邮编　100071
经销　新华书店
印刷　北京市松源印刷有限公司
尺寸　169 毫米 ×239 毫米
印张　13.25
字数　157 千
版次　2018 年 6 月第 1 版
印次　2018 年 6 月第 1 次印刷
定价　58.00 元
ISBN 978 - 7 - 5049 - 9617 - 6
如出现印装错误本社负责调换　联系电话（010）63263947

编 委 会

编写指导：王素珍　何宝宏

编写成员：丁华明　赵计博　何　阳　赵　博

序言一

近年来，我国金融科技快速发展，在多个领域已经走在世界前列。大数据、人工智能、云计算、移动互联网等技术与金融业务深度融合，大大推动了我国金融业的转型升级，助力金融更好地服务实体经济，有效促进了普惠金融发展。在金融科技的发展过程中，又以大数据技术的发展最为成熟、应用最为广泛。

为促进大数据技术在金融领域的创新和安全应用，中国支付清算协会在金融科技专业委员会的基础上成立了金融大数据研究组，依托金融科技专业委员会开展相关研究验证和推广交流活动，充分发挥行业协会贴近市场和研究机构的优势，深入研究金融大数据应用理论和实践问题。研究组成立以来，在组长单位中国信息通信研究院云计算与大数据研究所的带领下，在广大成员单位的支持和配合下，积极开展市场调研，努力搭建交流平台，探索行业标准建设，开展了许多富有成效的工作，取得了积极的研究成果。

其中一项重要工作就是面向成员单位征集金融大数据创新应用案例，开展重点课题研究。该项工作自 2017 年 11 月启动以来，得到了广大成员单位的积极响应，共征集到 40 多个有效案例。经专家严格评审，最终有 24 个案例获评"金融大数据创新应用优秀成果奖"。研究组进一步整合获奖案例内容，结合课题研究成果撰写完成这本《金融大数据创新应用》并公开发布，借此机会希望促进行业交流并作为优秀成果的学习借鉴，为推动中国金融大数据更好的发展和应用贡献一份智慧和力量。

金融大数据研究组

序言二

2013 年以来，中国经济进入新常态，数字化、智能化成为时代发展趋势。金融科技（Fintech）行业取得了迅猛发展，在较短时间内经历了由"互联网红利"向"科技红利"转变的升级型发展路径。中国的金融科技行业发展走在世界前列。互联网和智能手机普及程度不断提升，大数据、人工智能等技术创新应用加快推进，金融消费需求旺盛且日趋多元化，长尾用户基数庞大，普惠金融发展空间广阔。同时，金融科技在我国逐渐从概念探讨、理论研究向实践应用渗透，在支付、借贷、零售银行、保险、财富管理等领域取得了积极进展和丰硕成果。

新经济时代，数据收集的难度大幅下降，信息收集的规模经济日益凸显，金融行业面临前所未有的发展机遇，大数据与人工智能、移动互联网、云计算以及物联网等技术协同发展，并将深度融合到实体经济中，成为数字经济时代的新引擎。金融行业的大数据应用十分广泛，通过大数据的加工和应用，有效提升了金融领域服务水平，降低了成本，取得了较为显著的应用成效。从发展趋势看，一方面，金融大数据与其他跨领域数据的融合应用不断强化；另一方面，适应和满足金融行业属性的大数据技术标准和应用规范，日益成为金融大数据应用拓展的关键点。可以说，大数据应用能够助推金融机构战略转型，提升金融行业服务价值，改变金融行业发展格局。

在支付清算领域，大数据应用成为市场主体提升竞争力的主要手段。非银行支付机构依托用户、商户和终端等的海量交易数据，向交易相关环节延展，不断衍生出互联网营销、征信等增值服务；同时，基于大数据业务，非银行支付机构不断拓展金融服务、创新金融产品，业务已涵盖现金余额管理、投资理财、供应链和消费金融服务、个人征信平台等领域，与传统金融机构形成差异化竞争趋势。

然而，金融行业在获取大数据红利的同时，面临诸多技术压力和安全隐患。当前，金融大数据应用存在信息孤岛、数据安全标准缺失、信息集中泄露等问题。大数据在金融领域的应用仍处于各自为战的态势，市场机构缺乏协同，力量分散，大部分应用案例规模小、范围窄，缺乏突出的社会影响力，制约了金融大数据的应用拓展。大数据涉及用户个人隐私，如何规避数据安全风险，是当前的一大挑战。在缺乏行业统一安全标准和管理规范的情况下，单纯依靠企业自身管控，容易带来较大的安全管控风险。由此可见，金融机构防范大数据的安全风险将是企业发展、业务拓展、产品创新的重要基础。因此，本书从金融业角度研究大数据应用具有现实意义和实践价值。

近年来，国家相继出台《促进大数据发展行动纲要》《关于推进公共信息资源开放的若干意见》《大数据产业发展规划（2016—2020年）》，加强数据资源规划建设，加快完善数字基础设施，推动数据资源整合和共享开放，推进大数据技术产业创新发展。中国支付清算协会积极响应国家号召，在金融科技专业委员会的基础上，发起成立了金融大数据研究组，并召开一系列金融大数据业务研讨会，就大数据技术在金融行业应用的业务场景、信息安全以及法律合规等问题展开深入探讨，取得了丰硕的研究成果。同时，中国支付清算协会积极拓展与中国信息通信研究院等行业各方的紧密联系，群策群力，开展深入研究，推动广泛合作。未来，中国支付清算协会将进一步开展相关研究验证和推广交流活动，充分发挥行业协会贴近市场和研究机构的优势，深入研究金融大数据应用理论和实践问题，努力推进大数据技术在金融和支付清算领域的创新和安全应用。

《金融大数据创新应用》汇聚了行业应用优秀案例，是中国支付清算协会金融大数据研究组的一项重要工作成果。本书旨在聚焦大数据在金融领域的应用，理论联系实际，以期为金融大数据相关理论研究和应用实践提供有益参考。

中国支付清算协会副秘书长

王素珍

序言三

人类正从 IT 时代走向 DT 时代。数据是数字经济时代的新型生产资料，基于数据生产变革和业务模式的创新正驱动着全球范围内经济社会各个领域的数字化、智能化转型，发展大数据已经成为我国的国家战略。信息通信的核心是信息流通，金融服务的核心是资金融通。随着人类社会进入信息化时代，信息流与资金流的融合不断加深，信息通信行业与金融行业之间具有融合发展的先天优势。

国家高度重视大数据应用对于强化金融监管能力和促进金融转型发展的双重作用。2017 年 7 月，国务院印发的《新一代人工智能发展规划》专门提出了"智能金融"的发展要求，指出要建立金融大数据系统，提升金融多媒体数据处理与理解能力；创新智能金融产品和服务，发展金融新业态；建立金融风险智能预警与防控系统。2017 年，工信部印发的《大数据产业发展规划（2016—2020 年）》《促进新一代人工智能产业发展三年行动计划（2018—2020 年）》，明确将"金融"列为大数据应用的重点行业领域之一。

在强化监管方面，以降低合规成本、有效防范金融风险为目标的监管科技（RegTech）正在成为金融科技的重要组成部分。利用大数据赋能监管科技，一方面金融监管机构能够更加精准、快捷和高效地完成合规性审核，减少监管的人力支出，并实现对于金融市场变化的实时把

1

控，从而进行监管政策和风险防范的动态匹配调整。另一方面金融从业机构能够及时自测与核查经营行为，完成风险的主动识别与控制，有效降低合规成本，增强合规能力。

在促进发展方面，大数据应用能够有效提升金融服务效率，强化对实体经济的服务能力。大数据应用可以帮助金融机构更好地识别风险，降低金融服务成本，为普惠金融服务创造有利条件，还能加强金融精准服务能力，设计提供更个性化的金融服务产品。此外，大数据应用能够更广泛地收集、整理和分析金融客户信息，让更多弱势群体进入金融服务范围，有效提升金融服务覆盖能力。

随着大数据技术的广泛普及和发展成熟，金融大数据应用已经成为行业的热点趋势，并涌现出一大批技术创新、业务突破的应用案例。本书详细解读了金融大数据于数据资产变现、交易欺诈识别、精准营销、消费信贷、信贷风险评估、骗保识别等领域的应用场景。

毋庸置疑，金融大数据拥有着广阔的发展前景。但是，金融大数据应用也面临着数据资产管理水平不足、技术改造难度大、行业标准缺失、安全管控压力大和政策保障仍不完善等一系列制约因素。本书对金融行业如何享受大数据带来的红利，同时最大限度地减少大数据带来的挑战具有现实意义。

中国信息通信研究院云计算与大数据研究所为增强信息通信技术服务金融行业的能力专门成立"金融科技研究中心"，支撑金融科技双向跨领域监管、产业咨询、标准制定等工作。其中一项重要工作就是与中国支付清算协会及相关成员单位合作，进行金融大数据方面的课题研究，积极参与"金融大数据创新应用优秀成果"评选，将课题研究成果与获奖案例内容归纳成集，希望能够为金融行业推进大数据应用提供参考和借鉴。

中国信息通信研究院副院长

王志勤

目　　录

第一章
大数据的兴起与金融大数据的发展

一、大数据的兴起

近年来，摄像头、可穿戴设备、GPS 等传感器设备收集着大量音频、视频、图像等各类结构化和非结构化数据，随着电子商务、社交、综合信息网站等互联网应用的发展，数据基于网络大量产生并存储，信息量爆发式增长。据国际数据公司（IDC）的研究显示，全球数据总量年复合增长率50%。这种增长速度意味着未来两年，全球新增的数据量将超过人类有史以来积累的数据总和。IDC 预测，到 2020 年，全球数据总量将达到40ZB（400 亿 TB），代表地球上每个人平均会产生5TB 的数据①。

人类正从 IT 时代走向 DT 时代，数据是数字化时代的"石油"，而大数据就是数字化时代的"冶炼工艺"。通过数据的收集、存储、分析

---

① 国际数据公司 . The digital universe of opportunities：China country brief ［R］. 2014.

和可视化技术，解决大数据海量、高速、多变、低密度的问题，使数据从散乱的信息，整理后变成知识和智慧，帮助组织解决发展中遇到的各种实际问题。

麦肯锡公司早在 2011 年就已经预见到大数据时代的到来，并提出："各个行业和领域都已经被数据渗透了，目前数据已成为非常重要的生产因素。对于大数据的处理和挖掘将意味着新一波的生产率不断增长和消费者盈余浪潮的到来。"[①] 人们已经意识到，通过数据给社会创造价值的能力和用数据盈利的能力将成为所有组织的核心竞争力。

纵观金融行业的发展史，每次都是科技的创新推动着金融行业的发展与变革。电报技术、互联网技术的推出都对金融机构的服务模式和风控方式产生了重大影响。近几年来，各国政府不断加大对科技创新的重视程度。科技创新的速度不断加快，并逐步与金融业务深度融合，以大数据、云计算、人工智能、区块链等为代表的新技术已逐渐成为金融发展的新动力。

普华永道调研显示，在所有金融科技中，大数据是金融行业投资和应用的首选。[②] 首先，从内在需求看，在互联网金融模式的冲击下，整个金融业的运作模式正在重构，行业竞争日益激烈，基于数据的精细化运营需求日益迫切。其次，从应用基础上看，金融行业拥有海量数据资源。金融业是最有意愿进行信息化投入的行业之一，经过多年的信息沉淀，各系统内积累了大量高价值的数据，拥有用于数据分析的基础资源。最后，从产品供应上看，大数据产品已经越来越趋于成熟，技术供给越来越丰富，部署成本直线下降。此外，部分先行者为大数据部署提供了宝贵的应用案例，使得金融大数据解决方案越趋完善。

---

① 麦肯锡 . Big data：The next frontier for innovation，competition，and productivity ［R］. 2011.
② 普华永道 . 2017 年全球金融科技调查中国概要 ［R］. 2017.

二、金融大数据的利用

金融大数据的利用可分为三个阶段，分别是描述过去、预测未来和提供建议。企业的大数据分析正逐步从前两个静态的现象分析阶段过渡到针对场景提供建议的阶段，从而更精准地对市场变化做出反应。[①]

描述过去指针对历史数据进行分析，目的是反映出历史事件静态的情况。企业或机构的业务可以通过描述型分析实现清晰的评估，适用于业务部门进行实时调查，以及做可视化呈现。典型应用案例如企业通过月报、日报等数据化报表，帮助企业管理者了解经营情况。

预测未来指通过对数据的挖掘、统计和算法等来分析当前和历史数据来预测未来事件和业务成果。从历史数据中发现规律，从而提出针对性的优化措施。典型应用案例如企业价值评估，投资人需要分析企业历史的销售情况、客户价值、市场占有率等因素，进行规律总结，并基于规律总结对企业的发展前景进行预测，从而制订投资策略。

提供建议指基于对现状和业务规则的理解，识别出未来的机遇和风险，并提出明确的决策方案。通过数据驱动，实现以事实为中心的经营方法。典型应用案例如智能投顾，通过大数据直接指导用户何时买进和卖出股票。预测未来和提供建议的区别为预测性分析只告诉企业某只股票有可能会跌，大盘有可能会跌，其分析的是一种现象，但是没有明确告诉企业应该怎么做。

---

① 朱辉．大数据分析的 5 个高复制使用场景及案例分享［EB/OL］．（2014 - 08 - 19）［2018 - 04 - 20］http：//www. 360doc. com/content/15/0316/22/218141_ 455667678. shtml.

三、金融大数据的发展特点

1. 金融云快速落地奠定大数据应用基础

金融云具备的快速交付、高扩展、低运维成本等特性，能够在充分考虑金融机构对信息安全、监管合规、数据隔离和中立性等要求的情况下，为机构处理突发业务需求、部署业务快速上线、实现业务创新改革提供有力支持。因此，金融业一直较为积极地推动云计算的落地。

目前，大型金融机构纷纷开启了基于云计算的信息系统架构转型之路，逐步将业务向云迁移。大型金融机构普遍青睐混合云架构，将非核心应用迁移到公有云上，再将部分核心应用迁移到私有云平台上，在关键业务上继续使用传统架构。新兴金融机构如蚂蚁金服、微众银行等在诞生之初就把所有 IT 系统架构在云上。

2. 实时计算分析能力是金融大数据应用的首要关注点

金融机构的业务要求大数据平台具有实时计算的能力。目前，金融机构最常使用的大数据应用场景为精准营销、实时风控、交易预警和反欺诈等业务，其都需要实时计算的支撑。

以精准营销和交易预警为例，精准营销要求在客户短暂的访问与咨询时间内发现客户的投资倾向，推荐适合的产品。交易预警场景要求大数据平台在秒级完成从事件发生到感知变化，再到输出计算结果的整个过程，识别出客户行为的异常，并做出交易预警。因此，流式计算框架的实时计算大数据平台目前逐渐在金融机构得到应用，以满足低延时的复杂应用场景需求。

3. 金融业务创新越来越依赖于大数据应用分析能力

客户对服务体验的要求越来越高，需要金融机构随时随地都能提供服务，产品设计得更易用、更直观，响应速度更快速。金融机构提供产品和服务的重点，也从简单的标准化，转变为个性化。

大数据能够在产品设计和客户服务两方面提高创新能力。在产品设计上，大数据能够更好地利用现有数据，为客户进行全面的客户画像从而识别客户的需求。基于精准的客户认知，金融机构可以细分客户的需求，从而针对性地设计出符合客户个性化需求的、场景化的产品。在客户服务上，大数据可以提高产品的自动化程度，从而扩大产品和服务的范围、拓宽客户基础，使得金融机构得以覆盖以前服务不到的长尾客户。此外，产品自动化还能够快速地对客户需求做出反应，提高用户黏性。

4. 金融数据正在向金融科技行业巨头聚集

互联网和科技行业存在的"赢家通吃"模式在金融行业继续上演。随着行业的快速整合，原来分散在各家金融机构的数据正快速向金融科技行业巨头集中，从而形成数据寡头。

以支付行业为例，原来分散在各家银行手中的支付数据正快速向支付宝和财付通集中。目前，支付宝和财付通已经覆盖了绝大多数消费场景，包括电商购物、餐饮、出行、航旅、公共事业缴费、线下购物等几乎所有消费场景。过去银行可以通过借记卡和信用卡的消费记录来分析客户的消费行为，为金融企业的服务和产品设计提供支持。现在这些小额消费行为很多都通过第三方支付发生，银行无法拿到具体的消费数据。客户消费数据的缺少，正在影响银行对个人客户消费行为的了解和分析。

四、金融大数据的发展趋势

1. 大数据应用水平正在成为金融企业竞争力的核心要素

金融的核心就是风险控制，风控以数据为导向，金融机构的风控水平直接影响坏账率、营收和利润。经过长期的数字化改造，金融机构积累了大量的信息系统，通过这些系统积累了海量的数据，但是这些数据分散在各个系统中，很难实现集中分析。金融机构已经意识到需要有效地管理其日益重要的数据资产，正在主动思考和实践数据资产治理的方法。目前，金融机构正在加大在数据治理项目中的投入，结合大数据平台建设项目，构建企业内统一的数据池，实现数据的"穿透式"管理。大数据时代，数据治理是金融机构需要深入思考的命题，有效的数据资产管控，可以使数据资产成为金融机构的核心竞争力。

在国内，金融机构对大数据的认知已经从探索阶段进入认同阶段。普华永道研究显示，83%的中国金融机构表示希望在大数据上进行投资①。金融行业对大数据的需求属于业务驱动型。其迫切希望应用大数据技术使营销更精准、风险识别更准确、经营决策更具针对性、产品更具吸引力，从而降低企业成本，提高企业利润。随着更多金融机构基于大数据获得丰厚的回报，将进一步打消它们的顾虑，加速大数据的普及。

2. 金融行业数据整合、共享和开放成为趋势

数据越关联越有价值，越开放越有价值。随着各国政府和企业逐渐认识到数据共享带来的社会效益和商业价值，全球已经掀起一股数据

---

① 普华永道. 2017年全球金融科技调查中国概要［R］. 2017.

开放的热潮。大数据的发展需要所有组织和个人的共同协作，将个人私有、企业自有、政府自有数据进行整合，把私有大数据变为公共大数据。

目前，欧美等发达国家和地区的政府都在数据共享上作出了表率，带头开放大量的公共事业数据，中国政府也着力推动数据开放。一方面，国家牵头推动政府数据公开。国务院《促进大数据发展行动纲要》提出：到 2018 年，中央政府层面实现金税、金关、金财、金审、金盾、金宏、金保、金土、金农、金水、金质等信息系统通过统一平台进行数据共享和交换。另一方面，国家还通过推动建设各类大数据服务交易平台，为数据使用者提供更丰富的数据来源①。在发改委发布的《国家发展改革委员会办公厅关于请组织申报大数据领域创新能力建设专项的通知》中明确提到，要建设大数据流通与交易平台用以支撑数据共享②。

3. 金融数据与其他跨领域数据的融合应用不断强化

2015 年以前，金融机构主要根据金融业自有信息进行分析，基于自身静态数据通过人工对内进行经营分析、产品设计、营销设计等，对外进行客户分析和行情分析。从 2016 年开始，大数据技术逐渐成熟，数据采集技术快速发展，通过图像识别、语音识别、语义理解等技术实现外部海量高价值数据收集，包括政府公开数据、企业官网数据和社交数据，金融机构得以通过客户动态数据的获取更深入地了解客户。

未来，数据流通的市场会更健全。金融机构将可以方便地获取电信、电商、医疗、出行、教育等其他行业的数据，一方面会有力地促进金融数据和其他行业数据融合，使得金融机构的营销和风控模型更精

---

① 国务院. 促进大数据发展行动纲要［Z］. 2015 – 8 – 31.
② 国家发展改革委. 国家发展改革委办公厅关于请组织申报大数据领域创新能力建设专项的通知［Z］. 2016 – 8 – 26.

准。另一方面，跨行业数据融合会催生出跨行业的应用，使金融行业得以设计出更多的基于场景的金融产品，与其他行业进行更深入的融合。

4. 人工智能正在成为金融大数据应用的新方向

新兴技术高速发展，大数据和人工智能技术正在快速融合。大数据技术强调数据的采集、存储、处理和展现，而人工智能可以在各个阶段助力大数据发挥更大的作用。

在采集上，图像识别、语音识别、语义理解等人工智能认知技术能实现海量非结构化数据采集。在数据的储存和管理上，人工智能技术可以实现自动为数据打标签，将数据归类。在数据处理上，人工智能深度学习、机器学习、知识图谱技术可以提高算法模型的数据处理的效率和准确度。在数据展现上，智能可视化大屏技术可实现数据实时监控和可视化呈现。大数据与人工智能正在进行多维度的深度融合，拓展了金融大数据的应用价值和应用场景。

5. 金融数据安全问题越来越受到重视

大数据的应用为数据安全带来新的风险。数据具有高价值、无限复制、可流动等特性，这些特性为数据安全管理带来了新的挑战。

对金融机构来说，网络恶意攻击成倍增长，组织数据被窃的事件层出不穷。这对金融机构的数据安全管理能力提出了更高的要求。大数据使得金融机构内海量的高价值数据得到集中，并使数据实现高速存取。但是，如果出现信息泄露情况，可能一次性泄露组织内近乎全部的数据资产。数据泄露后还可能急速扩散，甚至出现更加严重的数据篡改和智能欺诈的情况。

对个人来说，金融信息的泄露会暴露出大量的个人基本信息和消费信息等，大数据技术可以便捷地大批量收集这些信息并进行画像，这使得公民更容易受到欺诈，造成经济损失。

五、金融大数据应用面临的挑战

1. 金融行业的数据资产管理应用水平仍待提高

金融行业的数据资产管理仍存在数据质量不足、数据获取方式单一、数据系统分散等一系列问题。一是金融数据质量不足，主要体现为数据缺失、数据重复、数据错误和数据格式不统一等多个方面。二是金融行业数据来源相对单一，对于外部数据的引入和应用仍需加强。三是金融行业的数据标准化程度低，分散在多个数据系统中，现有的数据采集和应用分析能力难以满足当前大规模的数据分析要求，数据应用需求的响应速度仍不足。

2. 金融大数据应用技术与业务探索仍需突破

金融机构原有的数据系统架构相对复杂，涉及的系统平台和供应商较多，实现大数据应用的技术改造难度较大，而且系统的改造必须保障现有业务系统的安全可靠运行。同时，金融行业的大数据分析应用模型仍处于探索阶段，成熟案例和解决方案仍相对较少，金融机构应用大数据需要投入大量的时间和成本进行调研和试错，一定程度上制约了金融机构大数据应用的积极性。而且，目前的应用实践反映出大数据分析的误判率还比较高，机器判断后的结果仍需要人工核查，资源利用效率和客户体验均有待提升。

3. 金融大数据的行业标准与安全规范仍待完善

当前，金融大数据的相关标准仍处于探索期，金融大数据缺乏统一的存储管理标准和互通共享平台，涉及金融行业大数据的安全规范还存在较多空白。相对于其他行业而言，金融大数据涉及更多的用户个人隐私，在用户数据安全和信息保护方面要求更加严格。随着大数据在多个金融行业细分领域的价值应用，在缺乏行业统一安全标准和规范的情况下，单纯依靠金融机构自身进行管控，会带来较大的安全风险。

4. 金融大数据发展的顶层设计和扶持政策还需强化

在发展规划方面，金融大数据发展的顶层设计仍需强化。一方面，金融机构间的数据壁垒仍较为明显，数据应用仍是各自为战，各机构缺乏有效的整合协同，跨领域和跨企业的数据应用相对较少。另一方面，金融行业数据应用缺乏整体性规划，当前仍存在较多分散性和临时性的数据应用，数据资产的应用价值没有得到充分发挥，业务支撑作用仍待加强，迫切需要通过行业整体性的产业规划和扶持政策，明确发展重点，加强方向引导。

六、促进金融大数据发展应用的相关建议

1. 出台促进金融大数据发展的产业规划和扶持政策

建议针对产业发展需求和政策空白领域，出台促进金融行业大数据发展应用的指导性政策意见，明确产业发展的目标、方向、路径和要求，完善产业发展的配套保障体系和发展能力评估建设体系。指导和支持金融大数据在产业标准、安全和商业化等多个领域的相关研究。逐步加快发布和形成金融大数据产业应用标准体系和行业规范，以标准促进产业合作，创造更加良好的产业发展环境，增强产业界发展积极性。

2. 分阶段推动金融数据开放、共享和统一平台建设

针对金融机构数据分散和隔离问题，建议由监管机构牵头，分阶段推进金融行业安全可控的数据开放共享。首先从制定统一数据目录，明

确最低开放标准着手，逐步鼓励金融机构创新合作模式，搭建金融行业统一数据平台，克服跨组织数据流通障碍。未来可鼓励金融机构探索混合所有制，建立独立运营主体，负责金融行业大数据的统一管理和运营，开展跨行业、跨领域应用合作，促进金融大数据在社会经济各领域的价值实现。

3. 强化金融大数据行业标准和安全规范建设

建议组织金融行业各方主体，协同制定统一的金融行业大数据交易规范，明确交易各方的数据安全责任，保障金融大数据市场的健康、有序发展；制定明确的数据安全使用标准，对金融大数据的使用权限、使用范围、使用方式和安全机制等，进行严格的规范化、标准化管理；建立有效的投诉机制和惩罚机制，实施全程全网的数据安全使用管控与源头追诉。

4. 依托行业平台推进金融大数据应用成果共享合作

积极发挥以"中国支付清算协会金融大数据研究组"为代表的行业组织的平台作用，打造具有品牌影响力的金融大数据交流分享平台，建立金融大数据行业的长效沟通机制，促进金融大数据应用成果的经验分享和互动交流。同时，积极推动金融行业和电信、电商、旅游等跨行业的沟通和合作，通过专题活动宣传和推广，展示金融大数据在各个行业领域的应用成果，增加金融大数据应用的社会关注度。

第二章
金融机构大数据体系建设

一、大数据平台建设

1. 大数据平台技术介绍

大数据平台是大数据技术体系中的基础设施。因此，所有金融机构应用大数据的第一步就是建设大数据平台。大数据平台的作用包括数据采集、数据存储、数据计算、数据应用四部分。

（1）数据采集：为金融机构准备用于加工的原始数据。组织内部数据库数据和数据供应商的数据可以通过数据传输直接导入大数据平台，网络数据、物联网数据通过数据采集接入大数据平台。通过数据采集，金融机构可以储备更多数量、更多维度的数据。

（2）数据存储：将原始数据运入仓库转化为数据资产。大数据平台可以利用分布式存储的方式高效的储存海量的文本、图像、视频等半结构化和非结构化数据，满足传统关系型数据库无法实现的功能。同

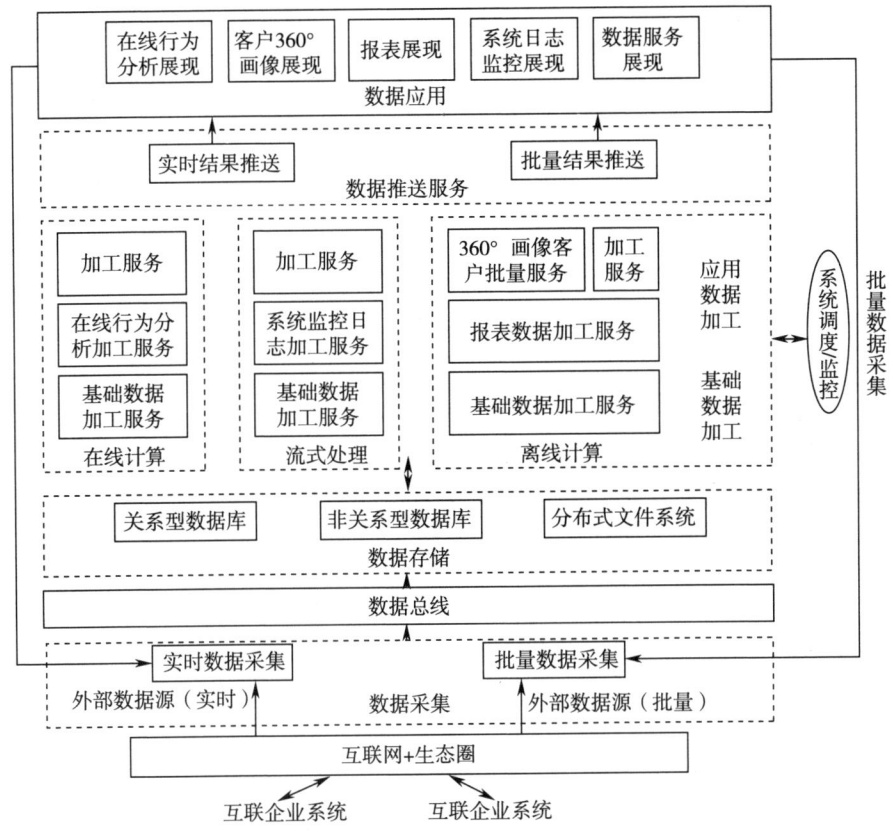

图 2-1　金融大数据平台架构①

时，大数据平台应用多副本备份的方式保障数据的安全。此外，金融机构内数据的统一存储可以简化管理，有利于数据资产的形成。

（3）数据计算：将原材料进行初步加工。利用在线计算、流式计算和离线计算等方式对文本、图像、视频等类型的数据进行挖掘。

（4）数据应用：将数据分析与具体业务场景相结合，应用到实际业务当中。通过统计分析、用户画像、知识图谱等数据应用技术，将数据转化为高价值的信息和知识，最终实现业务增值。

① 薛勇．基于新兴技术的银行创新实践研究［J］．金融科技治理与研究，2016（4）：25.

2. 大数据平台的建设方法

（1）需求分析

在建设大数据平台之前，金融机构需要分析自身需求，根据应用场景选择合适的大数据平台构建方式。

金融机构的业务要求大数据平台具有实时计算的能力。目前，金融机构最常使用的大数据应用场景精准营销、实时风控、交易预警和反欺诈等都需要实时计算的支撑。大数据分析平台可以对金融企业已有客户和部分优质潜在客户进行覆盖，对客户进行画像和实时动态监控，用以构建主动、高效、智能的营销和风险管控体系。

为切实做到数据驱动，金融企业需要定制化的技术平台。首先，金融企业要进行顶层设计，把技术和业务结合起来，将技术应用在企业价值链的每个场景上。其次，金融企业需要大规模的系统改造。为实现数据的汇聚，需要将原来存储在上百个信息系统的数据进行整合，重新设计并搭建数据采集、存储、传输的架构。最后，金融大数据需要更加完善的安全保障措施。金融数据的泄露、篡改可能造成系统性金融风险，甚至危及社会稳定，部分数据——如用于金融交易的用户鉴别与支付授权信息需要全流程加密。

（2）基础设施选择

目前，金融机构大数据平台主要部署在云端。云服务具有超大规模、高可靠性、高扩展性、按需服务等特点，符合大数据平台超大规模存储和计算的需求。大数据平台部署主要分为私有云和公有云两种方式。

中大型金融机构资金较为充裕并具有相对较强的研发能力。金融是一个数据密集的行业，非常重视数据的应用。一家中大型金融机构每天要汇集大量企业与个人数据进行用户行为、用户信用、市场与行业研究等分析，需要长时间地使用大数据分析服务。因此，将大数据服务部署在私有云环境中，在总成本上更节约，同时还可以为部分能力选择定制化的硬件配置，从而提升大数据平台的整体性能。

小微金融机构通常成本敏感、研发能力相对较弱。由于公有云具有按需扩展、按实际使用量收费的特点，部分小微金融机构在建设初期就将所有系统部署在公有云上。在公有云上直接搭建大数据平台将更有利于 IT 建设的连续性。此外，小微金融机构数据量较少，通常只有部分时间使用数据服务，公有云服务在成本节约上的优势明显。

（3）部署模式选择

部署模式指的是大数据平台建设的方法，包括自主研发、外包和混合模式三种。大数据技术实力较强的金融机构，如蚂蚁金服、京东金融等企业可以采用以自行研发的方式进行大数据平台建设；普通中大型金融机构拥有深入的行业理解，但是大数据技术积累较为薄弱，可以外包大数据底层平台，在数据应用层面上采用自主研发或者采用与外包企业合作研发的模式，满足在业务和流程上的定制化需求；小微金融机构可以将大数据平台建设全部外包，使用相对标准化的大数据产品。

二、数据接入

大数据时代，数据资源极大化丰富，金融机构不再满足于仅仅分析企业内部各个业务系统的数据，并开始大量引入外部数据源，包括互联网数据以及其他领域的数据，将内外部数据结合，丰富数据的维度。由于数据采集渠道的多样性，导致数据来源和格式的多样性与复杂性。因此，数据接入、集成、融合的方式需要进一步优化。这个过程涉及一系列技术和管理过程。

1. 金融大数据的产生

金融数据产生的主体有三种："人""机""物"。"人"指的是人类活动的数据，它是人类在活动过程所产生的各类数据，包括评论、通话记录、照片、网页浏览痕迹、交易记录等信息。"机"指的是信息系统产生的数据，这些信息主要以文件、多媒体等形式存在，包括审计、日志这样自动生成的信息。"物"指的是物理世界产生的数据，是通过摄像头、传感器等数字设备在监测中采集的数据，如服务器运行监控数据、押运车监控数据等。

2. 金融数据获取

金融机构目前有三种数据获取的方式：在自有系统中沉淀、在网上采集和从第三方购买。

（1）在自有系统中沉淀数据

金融机构通常会部署数百个应用系统，这些系统在日常经营中持续产生和储存数据，经过长期的数字化运营积累，数据的规模已经较为庞大。以银行业为例，目前中国单家股份制商业银行累积的数据已经达到上百TB。波士顿咨询的调研表示，银行业每创收100万美元，平均就会产生820GB的数据。

（2）在网上采集数据

金融机构在网上主要采集企业的舆情数据和个人的行动数据。企业舆情数据包括两大方面。一是政府公开数据：工商、司法、行政和"一行两会"的处罚/涉诉数据等。二是企业经营动态数据：资产重组、投融资、高管变动、员工招聘、新产品发布和产品销售情况等。个人行动数据也包括两大方面。一是基本属性数据：性别、年龄、学历、职业等。二是喜好数据：浏览页面、浏览商品、页面停留时间、关注的商品、支付的商品、产品评分、产品投诉、产品建议、加入的社群、经常互动的话题等。

（3）从第三方购买数据

金融机构购买的主要是企业的数据，在个人数据购买上比较谨慎。

在个人数据交易上，大型金融机构普遍认为比较敏感，需要谨慎对待。目前，大型金融机构从第三方购买个人数据的行动基本停滞，目前主要从政府购买公共数据，如公积金、社保和税务数据等。

3. 数据融合方法

大数据融合的难点在于大数据的 3V（海量、高速、类型多样）特征。金融机构需要应用对齐技术、实体链接技术、冲突解决技术和关系推演解决数据融合的问题。第一是应用模式和本体对齐技术解决本体的异构性和数据源的异构性；第二是通过实体消歧解决数据冲突的问题。第三是应用关系推演发现隐含知识，也可用于知识库的扩充和补全。

三、数据资产管理

数据多、维度丰富、质量高是金融机构保持竞争力的前提和保障。但是在数据处理过程中，遇到数据质量差、数据处理方法多样、数据价值评判标准不统一、数据管理权限混乱等挑战，阻碍了大数据技术在金融行业应用过程中的价值。数据质量直接影响分析的结果，再好的分析工具，也要遵守"Garbage in, garbage out"（垃圾进，垃圾出）的原则。

数据资产管理（Data Asset Management，DAM）是指规划、控制和提供数据及信息资产的一组业务职能，包括开发、执行和监督有关数据的计划、政策、方案、项目、流程、方法和程序，从而控制、保护、交付和提高数据的价值。[①]

---

① 刘晨，马欢. DAMA 数据管理知识体系指南［M］. 北京：清华大学出版社，2012.

1. 数据资产管理核心工作

数据管理协会（DAMA）是一个全球性的由从事数据管理和业务的专业志愿人士组成的组织。DAMA 制定的部分标准，已经成为数据资产管理方面权威的参考模型。DAMA – DMBOK – 数据管理知识体系 3.0 详细阐述了数据管理的 10 项职能和 102 项活动，可以为金融机构提供数据资产管理的参考框架。[①]

DAMA 定义数据管理的十大组成职能：

（1）数据治理：在数据管理和使用层面之上进行规划、监督和控制。

（2）数据架构管理：定义数据管理蓝图。

（3）数据开发：数据的分析、设计、实施、测试、部署、维护等工作。

（4）数据操作管理：提供从数据获取到清除的技术支持。

（5）数据安全管理：确保隐私、保密性和适当的访问权限等。

（6）数据质量管理：定义、监测和提高数据质量。

（7）参考数据和主数据管理：管理数据的黄金版本和副本。

（8）数据仓库和商务智能管理：实现报告和分析。

（9）文件和内容管理：管理数据库以外的数据。

（10）元数据管理：元数据的整合、控制以及提供元数据。

对应这十项职能，DAMA 详细列出了每项职能中所包含的具体工作：

（1）数据治理：数据资产管理的权威性和控制性活动（规划、监视和强制执行），数据治理是对数据管理的高层计划与控制。

（2）数据架构管理：定义企业的数据需求，并设计蓝图以便满足

---

① DAMA. DAMA – DMBOK – 数据管理知识体系 3.0 ［R］. 2008.

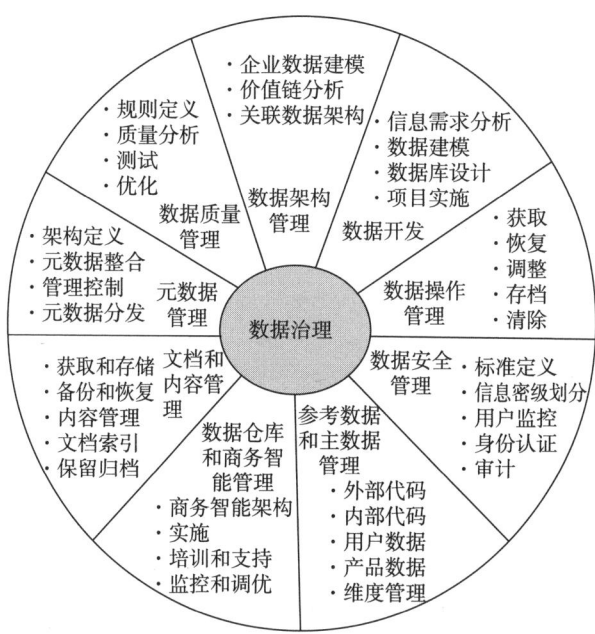

图 2－2　DAMA10 项数据管理职能

这一需求。该职能包括在所有企业架构环境中，开发和维护企业数据架构，同时也开发和维护企业数据架构与应用系统解决方案、企业架构实施项目之间的关联。

（3）数据开发：为满足企业的数据需求、设计、实施与维护的解决方案。也就是系统开发生命周期（SDLC）中以数据为主的活动，包括数据建模、数据需求分析、设计、实施和维护数据库中数据相关的解决方案。

（4）数据操作管理：对于结构化的数据在整个数据生命周期（从数据的产生、获取到存档和清除）进行的规划、控制与支持。

（5）数据安全管理：规划、开发和执行安全政策与措施，提供适当的身份以确认、授权、访问与审计。

（6）参考数据和主数据管理：规划、实施和控制活动，以确保特定环境下的数值的"黄金版本"。

（7）数据仓库和商务智能管理：规划、实施与控制过程，给知识工作者们在报告、查询和分析过程中提供数据和技术支持。

（8）文档和内容管理：规划、实施和控制在电子文件和物理记录（包括文本、图形、图像、声音及音像）中发现的数据储存，保护和访问问题。

（9）元数据管理：为获得高质量的、整合的元数据而进行的规划、实施与控制活动。

（10）数据质量管理：运用质量管理的技术来衡量、访问、提高和确保使用数据适当性的规划、实施与控制活动。

2. 企业数据管理能力成熟度评估

企业数据管理能力成熟度模型（Data Management Maturity，DMM）是一个能实现业务部门利益与 IT 相互匹配的强大加速器，可为公司组织提供一套最佳实践标准，制定让数据管理战略与单个商业目标相一致的路线图。从而确保能强化、良好地管理，并更好地运用关键数据资产来实现商业目标。DMM 模型已经在中国、美国、巴西等国家得到广泛应用，包括美国联邦住宅贷款抵押公司、微软等公司。[①]

DMM 根据企业的数据管理能力提出五个层次：初始级、受管理级、稳健级、量化管理级、优化级。

（1）初始级：组织还没有意识到数据的重要性，数据需求主要由项目驱动。组织没有统一的数据管理流程，存在大量的数据孤岛等。

（2）受管理级：组织已经意识到数据是资产，制定了数据管理流程，并指定相关人员进行初步管理。

（3）稳健级：数据已经成为组织的重要资产，在组织层面制定了系列的标准化管理流程以促进数据管理的规范化，可以支撑多个业务

---

① 李冰，宾军志. 数据管理能力成熟度模型［J］. 大数据，2017，3（4）：29－36.

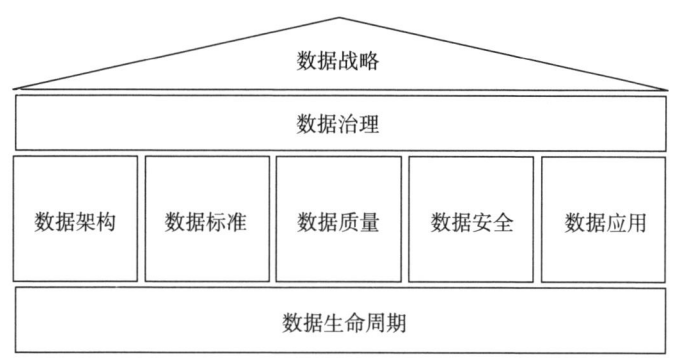

图 2 - 3 数据管理能力成熟度模型

系统的数据需求。

（4）量化管理级：数据已成为获取竞争优势的重要资源，组织针对数据管理方面的流程进行全面的优化，针对数据管理的岗位进行 KPI 考核，规范和强化数据相关的管理工作。

（5）优化级：数据已成为组织生存的基础，相关管理流程能够实时优化，能够在行业内进行最佳实践的分享。

四、大数据技术发展趋势

从产品看，大数据产品趋于标准化、模块化。随着大数据产业的发展完善，产业的分工越来越细。造成的结果是产品之间的协作会越来越麻烦，因此需要采用标准化、模块化的产品模式，以应对商业上的挑战。[①]

从技术看，以开源为主导、多种技术和架构并存的大数据技术体系已经初步形成。开源正在引领各行各业，大数据不例外。开源大数据技术应用已经全面覆盖数据的采集层、存储层、计算层和应用层。在数据

---

① 何宝宏. 大数据正在遭遇成长的烦恼 [EB/OL] . 2018 - 04 - 23. http：//opinion. caix-in. com/2018 - 04 - 23/101237856. html.

采集与传输层有 Sqoop、Kafka；在存储层有 HDFS、MySQL、HBase、MongoDB 等；计算层有 Hadoop 和 Spark 等；在应用层有 Tableau、Qlik-View 等。

从部署看，大数据部署走向容器化。大数据迁移时与环境配置的关系过于密切，可以借助容器的封装思想，应用类似于容器的技术解决交付的问题。

从运维看，大数据运维走向自动化。大数据集群的规模越来越庞大，随着规模的扩张，异常会出现的更频繁，简单依靠人力的运维方式已经不能满足目前大数据的需求。机器产生的问题需要用机器解决，大数据产生的运维问题还需要依靠大数据自动化运维解决。

从硬件看，大数据硬件走向定制化。面向特定场景数据处理的专用硬件或软硬件结合会是重要的发展方向。随着摩尔定律的减速，需要靠专用的而不是通用的硬件解决实际应用上遇到的问题。

五、大数据体系建设误区

金融机构在建设大数据体系的过程中存在许多典型认识层面的误区。

1. 拥有数据就是掌握资产

很多金融机构认为，大量积累数据就是储备数据资产，在市场上到处搜集数据。然而，购买海量存储设备，利用一切手段获取内外部数据，成本极高，容易得不偿失。实施者需要认识到数据价值与数据的真实性、时效性、可用性密不可分，还需要通过适当的加工，使得数据的价值含量不断提升。组织需要有策略地收集和加工数据，并且与商业战略目标有机结合起来。

2. 过度追求数据处理速度

基础设施的投入要根据自身数据资源的现状规模和生长速度而定，没有必要追求最快最完备的数据处理及计算能力。不要盲目投入基础设施的建设。设备会贬值、技术会过时。数据管理要在技术架构频繁升级的情况下，保持对数据本身的有效管理，争取在规划阶段就做好对业务目标的设计与理解，为执行过程预留足够的弹性，理性顺应技术变革，逐步应对升级挑战。

3. 数据质量不高不能应用大数据

数据质量会随着大数据应用不断完善改进，大数据体系的规划和实践会显著提高数据的质量。因此要重视数据管理工作，在数据管理过程中形成一套完整的数据标准规范。数据管理工作是大数据体系建设的基础。通过对经营管理所需数据进行规范化的重组工作，消除数据的结构不合理、冗余混乱、分散等情况，也是整个数据管理的重要组成部分。

第三章
大数据场景下的信息安全

　　目前，社会机制体制大多为工业时代而设置，不是为信息时代而设置。在人才上，高中理科学生的重点学习科目有物理、化学，但是没有计算机。在企业资产评估上，企业的土地、机械等实物都可以计入资产，但数据不能计入资产。因此，现在每落地一项金融科技，都会对金融行业现有的法律、监管机制、企业运行方式等带来巨大的冲击，同时带来巨大的安全隐患，大数据更是如此。

　　前沿科技掌握在好人手里，可以帮助金融企业提高运行效率、为大众提供更好的服务；掌握在坏人手里就会引发金融风险，产生安全隐患。在不能因噎废食的情况下，如何应用机制、技术解决这些问题和隐患是现下数据与信息安全保护的重点任务。随着金融行业对数据资源价值的认知逐渐提升，金融行业数据保护意识正在逐渐加强。但是，金融行业的数据保护意识还不能完全满足现如今的数据保护需求，需要监管机构、金融企业和行业组织等行业主体更积极地面对数据安全上的挑战。

一、个人信息保护

大数据产业发展面临一个新的三角困境，个人隐私、国家安全、便利性三者不可兼得。在技术上追求多个目标时，各目标之间就很容易发生冲突，只能优先选择其中两个。2013 年时任美国总统奥巴马也提到，民众不可能既享有 100% 的安全，又享有 100% 的隐私，我们不得不做出选择。大数据的发展也需要做出选择，进行一些调整。可以确定的是，未来 3 年，个人信息保护必然是大数据行业发展的重中之重。全行业必须团结起来制定有效的个人信息保护规则，并提供恰当的技术手段支持。①

1. 大数据为个人信息保护带来的挑战

（1）网络攻击的规模大幅度提升

针对数据的网络攻击事件层出不穷，网络安全风险逐年上升。蚂蚁金服研究表明，据不完全统计，2016 年在黑市上泄露的个人信息达到 65 亿条次，相当于我国平均每个人的个人信息被至少泄露了 5 次。网络攻击呈现规模化、集团化趋势。电商安全生态联盟发布的《电子商务生态安全白皮书》显示有组织大规模的攻击呈增加趋势。2017 年中国"网络黑产"从业人员已超过 150 万人，市场规模高达千亿元级别。黑色产业、灰色产业交织，已经形成了一条庞大的产业链。

分布式拒绝服务（DDoS）攻击规模直线上升。DDoS 技术已经发生了显著的变化。从 20 世纪 90 年代需要自己动手部署的拒绝服务，到今年的利用 Memcached 超级 DRDoS，DDoS 在复杂性和数量上都达到了前

---

① 何宝宏．大数据正在遭遇成长的烦恼［EB/OL］．2018 - 04 - 23. http：//opinion. caixin. com/2018 - 04 - 23/101237856. html.

所未有的新高度。Arbor Networks 的数据显示，2018 年 2 月，知名代码托管网站 GitHub 和网络游戏网站遭遇了史上最大规模的 DDoS，带宽分别达到了 1.35T 和 1.7T。但是，目前大多数企业的互联网基础设施只能够处理大概 10 ~ 50Gbps 的数据流，这与 T 级别的流量相比相差甚远。①

（2）技术发展导致管控困难

社交网站、智能穿戴设备、共享经济等新业态不断增加个人信息的数量，丰富个人信息的类型，创新个人信息的应用方式，同时也带来了更复杂的安全风险。首先，海量信息的收集比对极大提升了识别到特定个人的能力，模糊了个人信息边界。其次，信息比对及反复利用是大数据价值开发的核心，个人信息超出原初目的的利用在大数据场景下成为常态，传统目的限定原则被不断突破。再次，个人信息收集的隐蔽性，流转的复杂性打破了传统的"知情 + 同意"框架，让用户控制难以行使，权利实质被架空。最后，多元主体尤其是第三方信息中介的力量异军突起，传统架构中难以寻求有效的实用规定，造成其问责不清与监管空白，也让传统规制手段显得难以为继。

2. 中国个人信息保护现状

中国的个人信息保护主体可以分为政府、监管机构、行业组织和企业四类。政府通过立法、政策制定、标准发布的方式明确个人信息保护的制度框架。监管机构依据制度框架行使执法和管理的权利。企业和行业组织通过行业自律、落实执行等方式予以配合。②

（1）政府制定一系列法律保护个人信息

《中华人民共和国刑法》指出：违反国家有关规定，向他人出售或

---

① 从手动 Dos 到 1.7T 的庞大量级：数十年来 DDoS 已进化成巨兽［EB/OL］.（2018 – 03 – 27）［2018 – 04 – 24］. http：//www. jifang360. com/news/2018327/n3084102976. html.

② 单寅，崔明涵，马慧等. 电信和互联网用户个人信息保护的重点机制与方法研究［R］. 中国信息通信研究院，2017.

者提供公民个人信息，窃取或者以其他方法非法获取公民个人信息的属于触犯刑法的行为。情节严重的，处三年以下有期徒刑或者拘役，并处或者单处罚金；情节特别严重的，处三年以上七年以下有期徒刑，并处罚金。《最高人民法院、最高人民检察院关于办理侵犯公民个人信息刑事案件适用法律若干问题的解释》对条文进行解释——非法获取、出售 50 条以上敏感个人信息就属于刑法中所说的情节严重。中国个人信息保护最强的法律保护就是刑事方面的立法，刑法比民事领域、网安法带给企业的压力感更强，因为它规定得更细致，拥有明确的执行依据。

《网络安全法》要求网络运营者收集、使用个人信息，应当遵循合法、正当、必要的原则，公开收集、使用规则，明示收集、使用信息的目的、方式和范围，并经被收集者同意。网络运营者不得收集与其提供的服务无关的个人信息，不得违反法律、行政法规的规定和双方的约定收集、使用个人信息，并应当依照法律、行政法规的规定和与用户的约定，处理其保存的个人信息。

《中华人民共和国个人信息保护法（草案）2017 版》提出了一系列的个人信息保护的要求、保障措施和责任承担主体：一是个人信息的收集、处理和利用要遵循合法原则、知情同意原则和限制利用原则，即个人信息收集的目的要合法、正当、必要，并经过信息主体知情同意。个人信息的处理和利用，必须与收集目的一致。二是信息处理主体应要保护好收集的个人信息，防止个人信息的泄露、毁损、非法利用。三是提出了保障措施，个人信息来源渠道和信息使用渠道清晰，确保个人信息可追溯、可异议和可纠错。四是共同担责，发生侵权时，信息主体无法确认侵权人的，可以向收集、利用或处理个人信息的两个或两个以上的相关主体主张损害赔偿。

（2）监管机构现行管理模式相对滞后

监管机构主要采用被动式的监管方式。需要先经过舆情曝光、用户投诉等事件，监管机构才会得知发生了问题，接着进行事后介入。例如：2017 年 8 月，四部委启动"隐私条款专项行动"对微信、微博、百度地图、滴滴出行等十款网络产品的隐私条款进行评审，并提出了改进意见。但是，监管并没有形成长效机制，导致支付宝年度账单事件随之爆发。

监管工作缺乏足够的技术手段。对企业的监管需要提高执行力度，进行常态化的、事中的监管。毕竟，行业公认信贷领域个人信息违法收集和交易泛滥，但是由媒体曝光的违规行为只是冰山一角。监管机构需要大力推行监管科技，切实将政策推行下去，将市场行为规范起来。

（3）企业个人信息保护意识淡漠

最近几年，随着大数据从业者持续的市场教育，业内已经公认数据是资源、金矿，具有财产性质。因此，很多企业已经部署大数据平台，储存了大量的个人数据作为资产。但是，在日常经营中，企业并没有像管理现金、管理服务器一样地管理好它们保存的数据。甚至，像 Facebook 这样的国际知名大企业，也被指责"未能保护好数据"，使得个人敏感信息成为政治定向广告摆布民意的工具。企业的个人信息保护意识淡漠会导致一系列的问题，如个人信息保护制度的缺失、软硬件投入不足、员工缺少对个人信息保护法律的认识等。

（4）行业组织对行业自律的影响力有限

行业组织在当前仅起到咨询和支撑作用，对行业自律和引导的实际影响力有限，亦无法做到机制改进和手段创新。行业组织构成依赖政府，主要是政府推动型或政府加市场混合型为主，行业组织自身的服务能力较弱。所做的工作主要是来自上级主管机构的支撑要求，因此主要工作是对上负责，而非对行业和用户负责。让行业组织更多地参与政策制定和行政监管，是用户个人信息保护工作的转型方向之一，但是从现状看，行业引导仅仅是行政监管的辅助手段和支撑渠道，过度依附于政府，没有体现对企业的实际影响力。

3. 个人信息保护的建议

综上所述，中国社会机制体制大多为工业时代而设置，因此大数据的落地对个人信息保护的法律、监管机制、企业运行方式等方面都带来了巨大的冲击。政府、监管机构、行业组织和企业四类主体都要积极应对，围绕制度细化、监管方式、企业执行等多个层面推动改进。

（1）开发大数据新的价值

业内常说大数据像石油，石油也经历过"爱迪生危机"。早期石油的用途只是冶炼成煤油用于照明，爱迪生发明了电灯后直接造成了石油危机。当电灯替代了煤油灯后，石油的作用随之急速下降。后来，石油的冶炼技术极大改善，炼出汽油等制品，开发出更加广泛的应用。今天，大数据应用不管是精准营销还是风险控制，都主要面向的是人类。面向人类的大数据分析处理应用必然会带来隐私危机。行业需要新的模式与新的创新，将大数据的使用范围扩展、使用价值扩展。

（2）重视个人数据的遗忘权

现代文明发明的很多技术，核心目的就是帮助人记住信息，如书籍、硬盘、网盘等，因为人的记忆力太差。在大数据时代，个人也许会忘记部分信息，但是企业、黑客却没忘记。数据恒久远，数据永流传。当忘记成为例外，让机器忘记也将成为一种幸福。随着自媒体的发展，想调查都有哪些网站转载了这篇文章都不可行，想知道都有哪些用户存了这篇文章更是不可能完成的任务，遗忘权成为大数据时代下新的问题。以前文明只关注如何记住问题，现在如何永久性地消灭数据也许是工程师新的发展思路。

（3）严格遵守个人信息保护原则

个人信息控制者开展个人信息处理活动，应遵循 GB ＿ T 35273—

2017《信息安全技术个人信息安全规范》上给出的基本原则[①]：

①权责一致原则：对其个人信息处理活动对个人信息主体合法权益造成的损害承担责任。

②目的明确原则：具有合法、正当、必要、明确的个人信息处理目的。

③选择同意原则：向个人信息主体明示个人信息处理目的、方式、范围、规则等，征求其授权同意。

④最少够用原则：除与个人信息主体另有约定外，只处理满足个人信息主体授权同意的目的所需的最少个人信息类型和数量。目的达成后，应及时根据约定删除个人信息。

⑤公开透明原则：以明确、易懂和合理的方式公开处理个人信息的范围、目的、规则等，并接受外部监督。

⑥确保安全原则：具备与所面临的安全风险相匹配的安全能力，并采取足够的管理措施和技术手段，保护个人信息的保密性、完整性、可用性。

⑦主体参与原则：向个人信息主体提供能够访问、更正、删除其个人信息，以及撤回同意、注销账户等方法。

二、数据流通

从理想层面来看，万物皆数据，数据皆兄弟。单个的孤岛数据价值不大，必须要流通、要连接，才能产生新的价值。在大数据时代，连接比数据本身更重要，数据的价值不取决于数据本身是什么，而取决于数据跟其他数据之间的关系是什么，在数据世界处于什么位置。政府进行数据开放、共享的核心目的就是让更多的数据连接起来。

---

① GB _ T 35273—2017，信息安全技术个人信息安全规范［S］.2017.

从流通看，大数据产业正处于男耕女织的时代。中国信息通信研究院 2018 年的调查显示，50% 的大数据企业使用的数据都自己生产的或隔壁家生产的。大数据定义为资产，但它的价格并不清晰。大数据定义为商品，但大数据没有完全流通起来。业内认同的是大数据很有价值，但如何流通还处于早期的阶段，需要很多技术创新、理论创新的支持。数字时代需要经济学家解决数据流通存在的理论问题、方法问题。

1. 政府信息开放和共享

信息技术的超常规速度发展，促成了数据处理能力的爆炸性增长，社会也步入"大数据时代"，最终带动经济社会运行效率的提升。政务信息数据资源是社会数据资源的最主要组成部分之一。中国通信企业协会副会长苗建华在 2016 年 8 月召开的中国大数据技术与应用研讨会上表示我国目前 70% 的数据集中在政府部门，另外 20% 的数据掌握在大型企业手中，包括运营商、大型互联网企业等，剩余 10% 的数据则分散在各个行业。① 政务数据依靠政府职能拥有广泛的覆盖面，与社会的连接性高，集中在职能部门手中。可以看到，政务数据价值极高，并且开发难度相对较低。政务数据的开放和共享将有力地推动中国大数据产业的发展。

（1）中国政务信息资源共享发展历程

我国政府正在从传统被动响应型政府向主动智慧管理型政府转型，为实现开放式、互动型、智慧化转型，政府正在积极打破政府数据信息孤岛实现政务信息整合共享，积极开发政务信息资源实现社会开放共享。

我国政务信息资源共享主要分为四个阶段：初级阶段、对内整合阶

---

① 我国大数据资源还须更开放［EB/OL］.（2016－08－29）［2018－04－24］. http://www.huanqiu.com/r/MV8wXzkzNjk1MDVfMjM1XzE0NzI0MjI5MDQ.

段、共享开放阶段和跨界融合阶段。在初级阶段（1992—2005 年），政府部门建立各自的门户网站，对政府信息进行分类公开；在对内整合阶段（2005—2015 年），政府部门建立了信息化业务系统，实现了对外服务和管理的在线处理。相同的上下级政府部门实现三级政府部门甚至四级政府部门的纵向信息系统整合；在共享开放阶段（2015 年—2018 年），政府进行横向信息系统整合，实现跨部门的信息资源共享和政务业务协同；在跨界融合阶段（2018 年以后），政务信息化深入发展，政务相关数据极大丰富，将陆续开放数据、开放公众参与、开放投资等，建成以政府信息资源共享为核心的政务大数据应用。

（2）政务信息资源共享政策

中央高度重视政务信息资源共享工作。2017 年 12 月 9 日，习近平主席主持第二次十九届中共中央政治局集体学习时讲到要运用大数据提升国家治理现代化水平。要建立健全大数据辅助科学决策和社会治理的机制，推进政府管理和社会治理模式创新，实现政府决策科学化、社会治理精准化、公共服务高效化。要以推行电子政务、建设智慧城市等为抓手，以数据集中和共享为途径，推动技术融合、业务融合、数据融合，打通信息壁垒，形成覆盖全国、统筹利用、统一接入的数据共享大平台，构建全国信息资源共享体系，实现跨层级、跨地域、跨系统、跨部门、跨业务的协同管理和服务。2017 年 12 月 6 日，李克强总理主持召开国务院常务会议表示按照党的十九大建设现代化经济体系和人民满意的服务型政府的要求，加快部门和地方政务信息系统整合共享，打通"放管服"改革"经脉"，是便利群众办事和创业创新、增强政府公信力的重要举措。下一步，一要明确提供公共数据是政府公共服务的重要内容。二要在网络通基础上加快实现数据通、业务通。三要在信息共享方面推进体制机制和技术创新。四要加快对涉及信息共享急需的相关法规规章立改废。五要确保信息安全。

近两年来，政务信息资源共享专项政策密集出台。2016 年 9 月 5

日，国务院印发《政务信息资源共享管理暂行办法》的通知（国发〔2016〕51号）。2017年1月12日，国务院办公厅印发《"互联网＋政务服务"技术体系建设指南》的通知（国办函〔2016〕108号）。2017年5月3日，国务院办公厅印发《政务信息系统整合共享实施方案》的通知（国办发〔2017〕39号）。2017年7月13日，国家发改委、中央网信办印发《政务信息资源目录编制指南（试行）》的通知（发改高技〔2017〕1272号）。2017年8月28日，五部门印发《加快推进落实〈政务信息系统整合共享实施方案〉工作方案》的通知（发改高技〔2017〕1529号）。2017年10月26日，国家发改委印发《关于开展政务信息系统整合共享应用试点》的通知（发改高技〔2017〕1714号）。

推进政务信息资源共享的政策体系初步形成。已发布的政策可以大致分为三类：基础性政策、保障性政策和应用导向政策。首先，通过基础性政策明确具体建设方案。《政务信息资源共享管理暂行办法》从根本上明确了政务信息资源共享的目标、原则、主要任务、责任分工和保障措施。《政务信息资源共享目录编制指南》对于政务信息资源目录的基本分类、编制方法和工作流程明确了更为具体的要求。其次，通过保障性政策整合统一系统平台。《政务信息系统整合共享实施方案》《加快推进落实〈政务信息系统整合共享实施方案〉工作方案》从系统平台建设层面，推动实现政务信息资源共享的基础条件和技术保障。最后，通过应用导向政策明确应用方向。《"互联网＋政务服务"技术体系建设指南》确定政务信息资源整合的数据资源层定位，明确以"互联网＋政务"为应用方向。

（3）政务信息资源共享进展

第一阶段（2017年12月底前），整合一批、清理一批、规范一批，基本完成国务院部门内部政务信息系统整合清理工作，初步建立全国政务信息资源目录体系，政务信息系统整合共享在一些重要领域取得显著成效，一些涉及面宽、应用广泛、有关联需求的重要政务信息系统实现互联互通。

①部门内部信息系统整合：各有关部门原则上将分散、独立的信息系统整合为一个互联互通、信息共享、业务协同的"大系统"，杜绝以单个司局、处室名义存在的独立信息系统。

②优化建设模式：国家发展改革委牵头，修订《国家电子政务工程建设项目管理暂行办法》。财政部牵头，制定电子政务服务采购管理相关办法。

③构建政务信息共享标准体系：完成人口、法人、电子证照等急需的国家标准的组织申报和立项（国家标准委牵头，国家数据共享交换平台建设管理单位等配合）。

④加快信息共享平台建设：国家数据共享交换平台（外网）基本具备跨层级、跨地域、跨系统、跨部门、跨业务的支撑服务能力。实现信用体系、公共资源交易、投资、价格、自然人、法人、能源、空间地理、交通、旅游等重点领域数据基于全国政务信息共享网站的共享服务。

⑤政务信息资源目录编制：开展对政务信息系统数据资源的全国大普查（国务院办公厅、国家发展改革委牵头，各有关地区、部门配合）。逐步构建全国统一、动态更新、共享校核、权威发布的政务信息资源目录体系。

⑥国家统一电子政务网络建设：普遍建成一体化网上政务服务平台。按照统一部署，各地区、各部门政务服务平台要主动做好与中央政府门户网站的对接，实现与国家政务服务平台的数据共享和资源接入。

第二阶段（2018年6月底前），实现整合后的政务信息系统接入国家数据共享交换平台，初步实现国务院部门和地方政府信息系统互联互通。完善项目建设运维统一备案制度，加强信息共享审计、监督和评价，推动政务信息化建设模式优化，政务数据共享和开放在重点领域取得突破性进展。

①各部门信息系统整合：基本具备跨层级、跨地域、跨系统、跨部门、跨业务的支撑服务能力（国务院办公厅、国家电子政务外网管理中心负责）。除极少数特殊情况外，目前政府各类业务专网都要向国家电子政务内网或外网整合（国务院办公厅牵头，各地区、各部门负责）。

②统一接入数据共享交换平台：各部门推进本部门政务信息系统向国家电子政务内网或外网迁移，对整合后的政务信息系统和数据资源按必要程序审核或评测审批后，统一接入国家数据共享交换平台。

③政务信息共享服务：实现各部门政务数据基于全国政务信息共享网站的共享服务（国务院各有关部门负责）。

2. 企业间数据流通

从全球实践经验来看，用户提供必要的个人数据是获取相关服务的前提，个人数据可以在企业服务业务范围内使用和流动。但数据离开企业服务业务范围，在其他业务范围或业务场景被使用，即构成数据流通，包括数据交换、数据共享和数据交易等形式。例如，某集团将自有电商交易数据提供给某个其控股的市场营销企业使用，与某第三方数据交易平台将运营商通信数据交易给某市场营销企业使用，并没有本质上的不同。只不过前者发生在关联企业之间，采用的是数据对价形式。后者发生非关联企业之间，采用的是数据定价形式。

（1）法律问题

《网络安全法》规定，网络运营者应当承担严格的保密责任，未经信息主体的同意，不得向他人提供个人信息，但是经过处理无法识别特定个人且不能复原的除外。可以看到，《网络安全法》已经明确认可了"脱敏数据交易的合法性"。首先，出售个人信息需要当事人的同意。目前市场上流通的数据是否真的得到当事人的授权还有待商榷。其次，随着大数据、人工智能等技术的发展，"无法识别特定个人"和"数据不能复原"的界限越发难以判断，并且必然会随着技术的发展发生变化。大数据行业信奉多维度下无隐私，通过分析比对还是能够还原出个人身份信息的。例如，北京、环保局、局长这三个词每个单独看都指向成千上万的个体，但结合到一起就可以指向单一个体，具有了身份的可识别性。目前，业内公认，如果需要大规模比对，需要付出大量成本的数据也属于不可识别性的范畴，但是判断标准并不明确。

同时，国家法律法规，也规定了禁止流通的数据。[①]

①危害国家安全和社会稳定的信息。反对宪法所确定的基本原则的；危害国家安全，泄露国家秘密，颠覆国家政权，破坏国家统一的；损害国家荣誉和利益的；煽动民族仇恨、民族歧视，破坏民族团结的；破坏国家宗教政策，宣扬邪教和封建迷信的；散布谣言，扰乱社会秩序，破坏社会稳定的；散布淫秽、色情、赌博、暴力、凶杀、恐怖或者教唆犯罪的；涉及枪支弹药、爆炸物品、剧毒化学品、易制爆危险化学品和其他危险化学品、放射性物品、核材料、管制器具等能够危及人身安全和财产安全的危险物品的；宣扬吸毒、销售毒品以及传播毒品制造配方的；涉及传销、非法集资和非法经营等活动的；含有法律、行政法规禁止的其他内容的。

②涉及特定个人权益的信息。侮辱或者诽谤他人的；捏造损害他人名誉的；未经个人授权的可直接识别到特定个人的身份数据，包括但不限于公民身份号码、社保号、驾驶证、护照/台胞证等有效证件号码、电话、微信、QQ等即时通信账号、E－mail地址；未经个人授权的可直接识别到特定个人的敏感数据，包括但不限于姓名、性别、民族、出生日期或年龄、本人相片、婚姻状况、工作单位、学历、履历等个人数据，常住户口所在地住址或家庭地址、指纹、健康疾病等

---

① 上海市数据交易中心．数据流通禁止清单［EB/OL］．（2016－09－12）［2018－04－24］．http：//www.sohu.com/a/114191260_400678.

生物数据；未经个人授权的可直接识别到特定个人的财产数据，包括但不限于收入和支付记录、银行卡账号、证券账户数据、房屋登记数据、保险单。

③涉及特定企业权益的信息。未经企业授权的企业客户数据；未经企业授权涉及企业商业秘密的，包括但不限于财务数据、产销数据、货源数据、工艺配方、技术方法、计算机程序。

（2）行业自律

我国数据流通行业正在快速发展，数据流通的新模式、新技术不断涌现，各种数据交易机构管理水平与服务能力不断上升，行业呈现出蓬勃发展的状态。但随着数据流通服务平台的大量涌现和数据流通产业的变现模式为全社会所认知，在利益诱导和监管缺失的情况下，大数据的流通面临的问题也愈发凸显，包括虚假流通、灰色交易，甚至违法流通等。数据的流通中的这些问题不仅仅严重损害了国家安全、企业合法利益、个人隐私、数据价值挖掘等方面，更在实质上阻碍了大数据产业的整体健康发展。

数据流通规则亟待建立。数据的权利类型尚未达成共识，部分数据的权利主体存在争议：如用户行为数据等；数据的定价模式不统一，存在供方定价、拍卖、买方出价等多种方式，缺乏参照和标准；对于哪些数据可以进行交易以及哪些数据禁止进行交易等没有明确规定；缺乏明确的监管机构对涉及数据交易相关行为的合法性进行监管和执法；数据交易涉及平台、供方、买方等多个主体，如何确保数据交易过程中不被泄露、窃取、篡改、复制是当前需要解决的重要问题。

为保障大数据行业的正常运行，业内需要加快制定行业公认、符合国家法律要求的数据流通规则。通过系列数据流通治理活动，相关的企业认真落实数据流通规则，并自觉披露相关信息接受社会监督，提升数据流通领域透明度。以便政府将行业共识提升为行业标准，乃至国家标准。

（3）发展建议

从维护市场公平性和统一性出发，应加强数据流通全范围监管。对各类数据流通方式和应用场景实施分级分类管理，防范可能出现的交易违规、契约失灵和企业管理失效等带来的风险。同时，加强数据流通全周期、全流程管理，在数据利用的各个环节（包括收集、加工、流通、应用等）都加入隐私安全分析和控制，使数据流动和使用的每个环节可查询、可控制。

鼓励数据交易平台的建设。目前，数据流动较为混乱。企业很难从合规的渠道得到想要的数据。加强数据交易平台建设与合规数据服务商的认证，将为需求方提供更可信的交易场所和交易伙伴。监管机构可以在平台上各关键环节设置数据采集点，监控数据的流通过程，像电信运营商的数据采集模式一样，记录传输数据的属性，包括传输了多少条数据，数据的维度，以便对问题进行溯源。从而实现过程可控制，责任可追溯，风险可防范。

三、大数据道德

大数据算法的透明度已经成为需要重点关心的议题之一。现在，虽然数据的开放使得数据变得透明，但是算法黑箱还会出现监管盲区的现象。随着数据越来越多，越来越开放，算法的黑箱势必要被打破，解决算法的歧视问题和算法不正当利用的问题亟须得到解决。

1. 大数据算法歧视

以个人大数据征信场景为例。目前，一些大型的征信机构已经深入地应用大数据技术，全方位、多角度的分析个人数据，作为判断信息主体信用状况的依据。分析的维度包括年龄、性别、银行存款、固定资产、薪资水平、交易记录等。从输入数据到作出决策的机器自动化处理的中间过程，甚至更为先进的人工智能背后的代码、算法都存在"技术黑箱"。大数据算法黑箱可能导致种族、民族、性别、性取向、政治倾向、宗教信仰、商业团体资格等各方面的歧视。而开展非歧视性大数据技术研究尚是一个模糊地带，当务之急是提高大数据算法应用的信息披露义务，打开算法黑箱，将歧视性的算法清除出去。

2. 大数据算法"杀熟"

大数据算法"杀熟"是2018年业内最热门的话题之一。从今日头条智能算法带来的个性化展示，到网曝在线旅行平台利用大数据"杀熟"，流露出的信息是大数据应用绝非中立，机器学习尚不成熟。大数据技术可能在分析消费者支付能力、消费偏好后，针对用户的不同情形定制不同的价格，例如，判定急需订票便提高价格，固定路线叫车报价更高等。

大数据"杀熟"违背商业诚信。借助大数据算法，企业能够对每个用户进行全方位的精准画像，根据消费者愿意为商品付出的最高价格而为产品制定不同的销售价格，进行歧视性定价。此种方法使原本便利普通民众生活的大数据技术成为商家谋利的手段，将危害行业发展、阻碍技术进步。①

政府需要进一步加强监管，对算法进行监控，单纯依靠企业自律很难改善目前算法上存在的问题。

---

① 杨东. 从Facebook风波看大数据技术的法律问题［EB/OL］.（2018－04－23）［2018－04－24］. http：//www. china. com. cn/opinion/think/2018－04/03/content_ 50805905. htm.

第四章
金融大数据的应用场景分析

大数据技术的应用提升了金融行业的资源配置效率，强化了风险管控能力，有效促进了金融业务的创新发展。金融大数据在银行业、证券行业、保险行业、支付清算行业和互联网金融行业都得到广泛的应用。

一、大数据在银行业中的应用

1. 信贷风险评估

在传统方法中，银行对企业客户的违约风险评估多是基于过往的信贷数据和交易数据等静态数据，这种方式的最大弊端就是缺少前瞻性。因为影响企业违约的重要因素并不仅仅只是企业历史的信用情况，还包括行业的整体发展状况和实时的经营情况。而大数据手段的介入使信贷风险评估结果更趋近于事实。

内外部数据资源整合是大数据信贷风险评估的前提。一般来说，商业银行在识别客户需求、估算客户价值、判断客户优劣、预测客户违约可能的过程中，既需要借助银行内部已掌握的客户相关信息，也需要借助外部机构掌握的中国人民银行征信信息、客户公共评价信息、商务经营信息、收支消费信息、社会关联信息等。该部分策略主要目标为数据分析提供更广阔的数据维度和数据鲜活度，从而共同形成商业银行贷款风险评估资源。

信贷风险评估的步骤[①]：

（1）以客户级大数据为基础，为存量客户建立画像，使银行向各管辖机构、各业务条线、各产品条线进行内容全面、形式友好、敏捷的客户级大数据集中供给。

（2）建立专项集中的企业及个人风险名单库，统一"风险客户"等级标准，集中支持各专业条线、各金融产品对高风险客户的过滤工作。

（3）统筹各专业条线、各业务环节对大数据增量信息的需求优先序列，对新客户、高等级客户、高时效业务、高风险业务实现大数据实时采集式更新；对存量、一般、普通时效业务、低风险业务实现大数据集中、批量、排序、滚动更新。

2. 供应链金融

供应链金融的风险控制从授信主体向整个链条转变。供应链核心企业拥有良好的资产、充足的资金和高额的授信额度。而依附于核心企业的上下游企业可能需要资金，但是贷不到款。供应链金融可以由核心企业做担保，以产品或应收账款做质押，帮助上下游企业获得资金。

利用大数据技术，银行可以根据企业之间的投资、控股、借贷、担

---

① 大数据征信与商业银行应用策略［EB/OL］.（2017 - 02 - 27）［2018 - 04 - 20］. http：//www.cebnet.com.cn/20170227/102368232.html.

保以及股东和法人之间的关系，形成企业之间的关系图谱，有利于关联企业分析及风险控制。知识图谱在通过建立数据之间的关联链接，将碎片化的数据有机的组织起来，让数据更加容易被人和机器理解和处理，并为搜索、挖掘、分析等提供便利。[①]

在风控上，银行以核心企业为切入点，将供应链上的多个关键企业作为一个整体。利用交往圈分析模型，持续观察企业间的通信交往数据变化情况，通过与基线数据的对比来洞察异常的交往动态，评估供应链的健康度及为企业贷后风控提供参考依据。

二、大数据在证券行业中的应用

1. 股市行情预测

大数据可以有效拓宽证券企业量化投资数据维度，帮助企业更精准地了解市场行情。随着大数据广泛应用、数据规模爆发式增长以及数据分析及处理能力显著提升，量化投资将获取更广阔的数据资源，构建更多元的量化因子，投研模型更加完善。[②]

证券企业应用大数据对海量个人投资者样本进行持续性跟踪监测，对账本投资收益率、持仓率、资金流动情况等一系列指标进行统计、加权汇总，了解个人投资者交易行为的变化、投资信心的状态与发展趋势、对市场的预期以及当前的风险偏好等，对市场行情进行预测。

2. 股价预测

证券行业具有自身的特点，与其他行业产品与服务的价值衡量普

---

① 林丽. 大数据应用在金融科技领域里的价值与风险［R］. 2017 – 11 – 27.
② 贵阳大数据交易所. 2016 年中国大数据交易产业白皮书［R］. 2016 – 05 – 25.

遍存在间接性的特点不同，证券行业客户的投资与收益以直接的、客观的货币形式直观地呈现。受证券行业自身特点和行业监管要求的限制，证券行业金融业务与产品的设计、营销与销售方式也与其他行业具有鲜明的差异，专业性更强。

诺贝尔经济学奖得主罗伯特·席勒设计的投资模型至今仍被业内沿用。在他的模型中，主要参考三个变量：投资项目计划的现金流、公司资本的估算成本、股票市场对投资的反应（市场情绪）。席勒认为，市场本身带有主观判断因素，投资者情绪会影响投资行为，而投资行为直接影响资产价格。然而，在大数据技术诞生之前，市场情绪始终无法进行量化。大数据技术可以收集并分析社交网络如微博、朋友圈、专业论坛等渠道上的结构化和非结构化数据，了解市场对特定企业的观感，使得市场情绪感知成为可能。

3. 智能投顾

智能投顾是近年证券公司应用大数据技术匹配客户多样化需求的新尝试之一，目前已经成为财富管理新蓝海。智能投顾业务提供线上的投资顾问服务，能够基于客户的风险偏好、交易行为等个性化数据，采用量化模型，为客户提供低门槛、低费率的个性化财富管理方案。智能投顾在客户资料收集分析、投资方案的制定、执行以及后续的维护等步骤上均采用智能系统自动化完成，且具有低门槛、低费率等特点，因此能够为更多的零售客户提供定制化服务。随着线上投顾服务的成熟以及未来更多基于大数据技术的智能投资策略的应用，智能投顾有望从广度和深度上将证券行业带入财富管理的全新阶段，为未来政策放宽证券公司投资顾问从前端佣金收费向后端的管理费收取模式转变进行探索准备。①

三、大数据在保险行业中的应用

1. 骗保识别

赔付直接影响保险企业的利润，对于赔付的管理一直是险企的关注点，而赔付中的"异常值"（即超大额赔付）是推高赔付成本的主要驱动因素之一。保险欺诈严重损害了保险公司的利益，为了识别可疑保险欺诈案件，需要展开大量专项调查，但往往需要耗费数月或数年的时间。

借助大数据手段，保险企业可以识别诈骗规律，显著提升骗保识别的准确性与及时性。保险企业可以通过建设保险欺诈识别模型，大规模地识别近年来发生的所有赔付事件。通过筛选从数万条赔付信息中挑出疑似诈骗索赔。保险企业再根据疑似诈骗索赔展开调查会有效提高工作效率。此外，保险企业可以结合内部、第三方和社交媒体数据进行早期异常值检测，其中包括了客户的健康状况、财产状况、理赔记录等，及时采取干预措施，减少先期赔付。②

2. 风险定价

保险企业对保费的定义是基于对一个群体的风险判断，对于高风险的群体收取较高的费用，对于低风险群体则降低费用。通过灵活的定价模式可以有效提高客户的黏性，而大数据为这样的风险判断带来了前所未有的创新。

---

① 杨龙．借力大数据技术，证券行业迎转型契机［EB/OL］．（2017－02－27）［2018－04－20］http：//finance.sina.com.cn/roll/2017－09－11/doc－ifykusey7535594.shtml.

② 韩涵，何阳，赵博等．中国金融科技前沿技术发展趋势及应用场景研究［R］．中国信息通信研究院，2018.

保险公司通过大数据分析可以解决现有的风险管理问题。比如，通过智能监控装置搜集驾驶者的行车数据，如行车频率、行车速度、急刹车和急加速频率等；通过社交媒体搜集驾驶者的行为数据，如在网上吵架频率、性格情况等；通过医疗系统搜集驾驶者的健康数据。以这些数据为出发点，如果一个人不经常开车，并且开车十分谨慎的话，那么他可以比大部分人节省30%～40%的保费，这将大大地提高该保险产品的竞争力。

四、大数据在支付清算行业中的应用

交易欺诈识别。目前，支付服务操作十分便捷，客户已经可以做到随时随地进行转账操作。面对盗刷和金融诈骗案件频发的现状，支付清算企业交易诈骗识别面临着巨大挑战。

大数据可以利用账户基本信息、交易历史、位置历史、历史行为模式、正在发生行为模式等，结合智能规则引擎进行实时的交易反欺诈分析。整个技术实现流程为实时采集行为日志、实时计算行为特征、实时判断欺诈等级、实时触发风控决策、案件归并形成闭环。

欺诈方式	欺诈场景	处理方式
盗刷	客户账号于多个手机上登录	身份再验证
	客户从一个不经常出现的地区进行大额转账操作	
	在1小时内于不同的城市进行消费	
诈骗	发现多个客户在短时间内向单个账户转账	提醒客户
	发现钓鱼网站	

图 4-1 交易欺诈方式及场景示例

五、大数据在互联网金融行业中的应用

1. 精准营销

在移动互联网时代，客户在消费需求和消费行为上快速转变。首先，在消费需求上，客户的需求更加细化，急需个性化的金融产品。另外，在消费行为上，互联网金融企业很难接触到消费者及了解客户的需求并推销产品，营销资源和营销机会极其宝贵。因此，为了降低对用户打扰和营销成本，提高营销转化率以面对日趋激烈的行业内部竞争，互联网金融企业急需一种更为精准的营销解决方案。

具体来讲，银行业精准营销的主要应用目标主要为三点：一是精准营销的首要目的是寻找目标客户，精准定位营销对象。二是在获得客户挖掘结果后，精准营销应用的下一步功能应当是针对具体客户提供一整套智能决策方案。三是配备完整的业务操作平台，实现整个精准营销从客户挖掘直至业务完成的各工作环节，最大化程度缩短业务操作流程，实现精准营销的"一站式"操作。①

利用大数据平台的模型分析结果，挖掘出潜在客户，实现可持续的营销计划，银行业精准营销的技术流程包括以下五点：

（1）客户信息整合及验证。该步骤的核心为数据整合处理，即利用大数据平台打通内外部数据、不同业务数据、不同结构数据之间的壁垒，对数据格式进行规范化处理，形成以客户为中心的"一户一条"数据记录。

（2）客户及场景标签设定。根据精准营销的不同角度设定不同类

---

① 江苏银行融智库大数据应用. 实现精准营销的"一站式"操作［EB/OL］. (2016 - 01 - 14)［2018 - 04 - 20］. http：//www. bigdata. ren/portal. php? mod = view&aid = 1054.

别的场景标签，该类标签较用户标签通常具有更高的灵活性，以便随着业务发展和精准营销场景的变换随时增减或改变。

（3）客户类型初分。对于不同类型的目标客户，精准营销模型应当给出具有针对性的营销方案。因此需要对大数据平台里的所有客户进行类型的区分。建立合理的客户类型初分体系是精准营销的基础。该部分可以通过用户画像技术提供的分类标准，进行用户的标签化分类工作。

（4）客户筛选。客户筛选是指对客户质量进行筛选把控，普遍基于大数据平台的黑白灰名单技术，对客户进行预判定。原则上白名单客户属于精准营销判定的推荐客户；黑名单客户则是不能服务的客户；灰名单客户为风险提示类的客户。

（5）业务统一工作平台部署。作为精准营销的前台，通过 API 接口打通数据存储层、数据处理层、算法层以及高级业务层，通过门户网站、App、API 接口等方式提供银行产品推荐、客户准入、客户跟踪管理等高级营销策略。

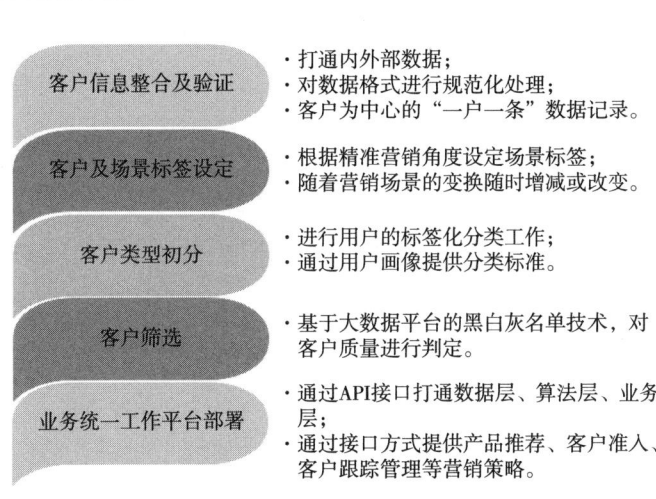

图 4 – 2　精准营销的技术流程

2. "黑产"防范

互联网金融企业追求服务体验，强调便捷高效，手续尽可能简化。而这一特点也易被不法分子利用，利用虚假注册、网络购买的身份信息与银行卡进行套现，"多头借贷"乃至开发电脑程序骗取贷款等已经形成了一条黑色产业链（以下简称"黑产"），对于互联网金融行业而言，欺诈风险高于信用风险。

大数据能够帮助企业掌握互联网金融黑产的行为特点，从业人员规模、团伙地域化分布以及专业化工具等情况，并制定针对性的策略。"黑产"特征如下：借款手机归属地与真实城市 IP 不匹配；设备上相邻两次借款（含跨平台）时间间隔极短；用户手机长期处于同一位置未移动过等。企业可以通过"黑产"识别和预警减少损失。

3. 消费信贷

消费信贷和传统企业信贷截然不同。它拥有小额、分散、高频、无抵押和利息跨度极大的特点。在贷款额度上可以小到 100 元人民币；一家机构一天放贷数量可能达到数万笔到数十万笔；90% 以上是纯信用贷，只能依靠数据进行审批；年化利率从 4% 到 500% 的都有。

客户的特点是年轻、消费观念超前、无信用记录。消费信贷客户大多数年龄都在 35 岁以下；月光族，愿意透支未来。某些人群甚至对借钱消费形成习惯性依赖；80%～90% 的客群无中国人民银行借贷信用记录，导致拒绝率极高。

大数据需要贯穿到客户全生命周期的始末。基于大数据的自动评分模型、自动审批系统和催收系统是消费信贷的基础。利用大量行为数据分析弥补信贷数据的缺失。下面列举一些趋势上的分析方法：①随着手机号使用年数的增加，客户稳定性增加，违约风险逐步降低。②过去 12 个月内所有类目本地生活消费等级越高，违约风险越低。②最近 12

个月网络游戏消费金额越多，违约风险越高。②最近 12 个月内财经媒体访问天数越多，违约率风险越低。①

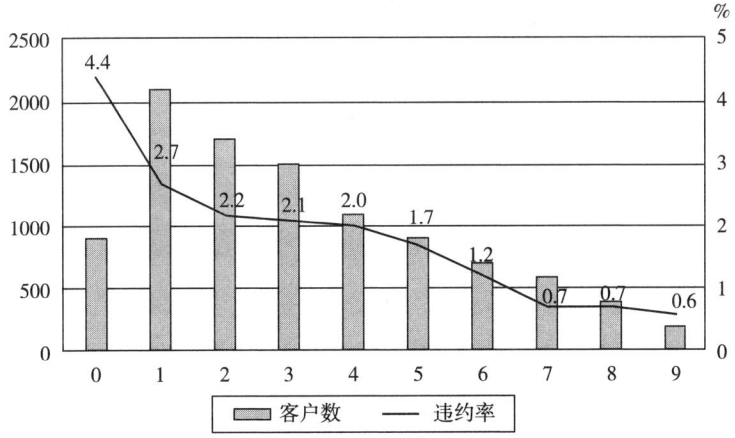

图 4 - 3　手机号使用年数与违约率

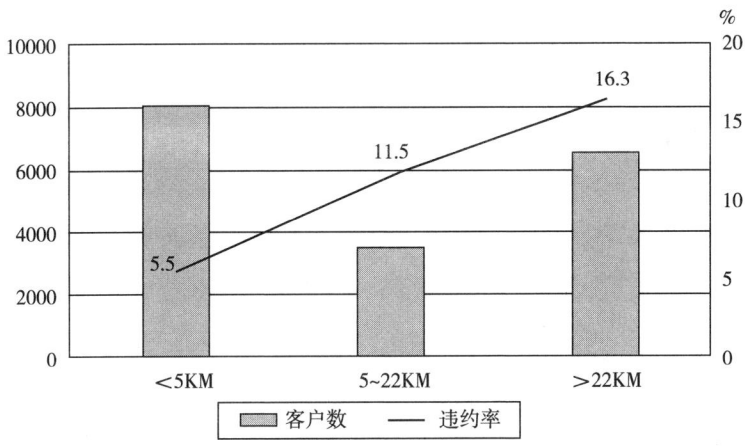

图 4 - 4　申请家庭住址距离差与违约率

---

①　张韶峰．大数据与人工智能在金融行业的应用［R］．2017 - 11 - 27.

第五章
金融大数据的典型案例分析

2017 年中国支付清算协会金融大数据研究组面向协会金融科技专业委员会成员单位征集大数据应用案例，共征集到 40 多个案例。经专家组评审，从中评选出 24 个"金融大数据创新应用优秀案例"进行深入分析。

一、风险控制——中国银行"艾达"大数据风控平台[①]

1. 项目背景

近年来国内外金融形势愈加复杂，GDP 增速放缓，企业业绩下滑，负债率持续攀升。金融持续脱媒，企业经营呈"跨业、跨界、跨境"态势，对银行信贷依赖度降低。集团客户关联关系复杂，更加分散化、

---

① 主要参与人：郭为民、陈斌、曹汉平、金彦、朱大磊、孟昱洁。

隐蔽化、多元化，越来越多的资金从实体经济转向虚拟经济，风险蔓延速度迅猛，并呈现"跨渠道、跨地域、跨产品"传播，与此同时，银行对资金流向的监控手段却非常有限。在新的经济环境下，原来被动的风险防控方式已经难以满足新常态下客户高效性和多样性的需求。

2. 成果概述

"艾达"大数据智能风控平台是面向中国银行全行前、中、后台业务人员，包括客户经理、风险经理、审计经理和管理层的大数据风控平台。通过对结构化、非结构化的整合，运用大数据、AI 等新技术重塑业务流程与风险管理模式，不断挖掘数据价值。将大数据应用作为提升风险管理能力的关键工具和重要途径，也是中国银行首次尝试用大数据建模进行风控管理。

3. 解决方案

"艾达"大数据风控平台是中国银行在大数据和人工智能领域落地的第一个应用案例，也是首款面向大数据风控建模的互联网大数据分析挖掘平台，覆盖中行全量授信客户和部分优质潜在客户，对目标客户进行全量实时舆情预警和 360 度风险展示，主动构建实时、高效智能的全流程、全维度、全渠道的风险管控体系，对业务全流程关键节点进行动态监控和全流程跟踪。

"艾达"首次打通行内外大数据，通过对接不同的数据渠道，全面采集了企业工商信息、涉诉信息、判决信息、欠税信息、失信被执行信息、对外投资信息、行政处罚信息、知识产权信息和互联网舆情等海量外部信息。通过运用人工智能语义分析技术、数据挖掘技术、云计算技术、数据可视化技术，充分挖掘数据的内在价值，为各业务条线提供信息服务支撑。

"艾达"采集互联网海量非结构化数据后进行深度挖掘，并对企业

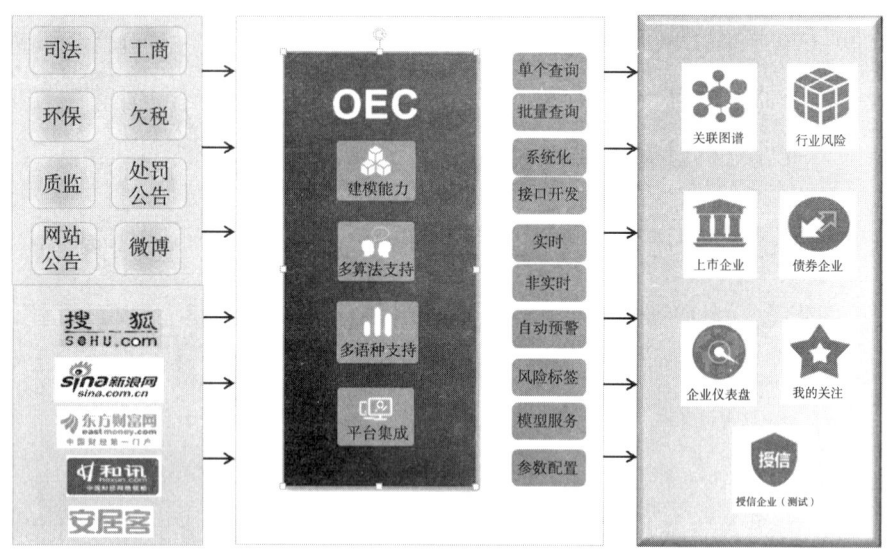

图5-1　"艾达"平台业务逻辑

客户进行画像，绘制出企业股权结构、投资关系、担保关系、管理结构等图谱，挖掘关联风险。"艾达"从宏观、中观和微观三个维度实现对地域、行业和企业的舆情监控，"艾达"为流式大数据平台，可以实时快速地提供客户更多的经营信息和风险状况，为前、中、后台业务人员提供了一双人工智能的电子眼睛，是对现有信贷模式的加强和补充，是大数据应用创新的重要成果。

图5-2　风险预警场景

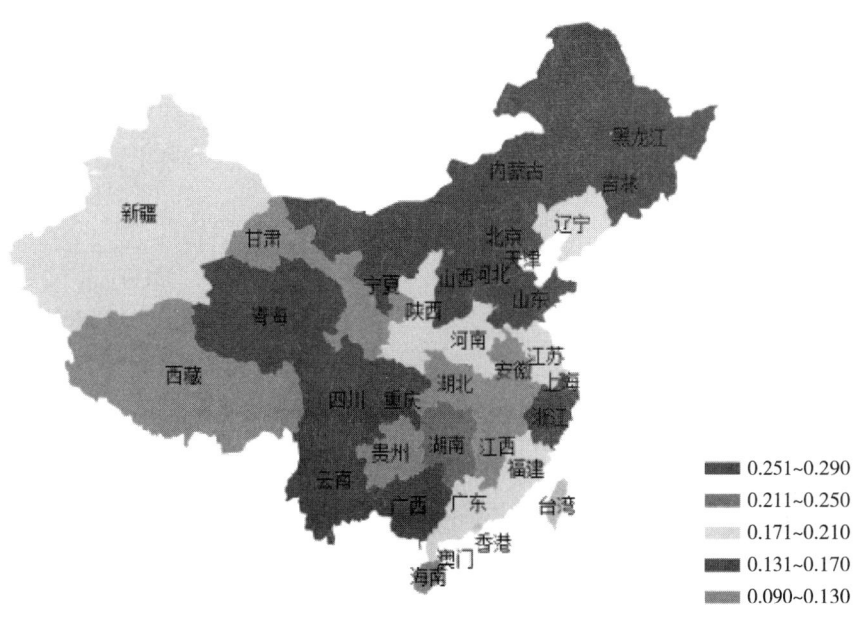

图 5 – 3　地区风险分布

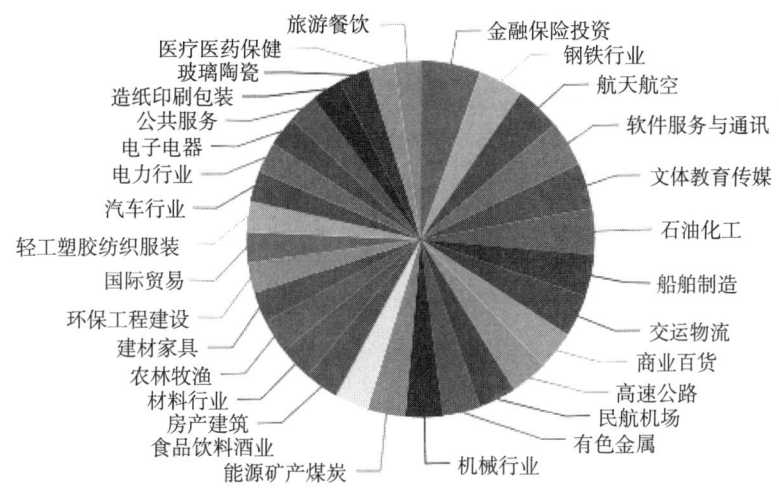

图 5 – 4　行业风险分布

本方案具备以下几个特点：

（1）控风险：解决了空间和信息不对称的限制，形成了主动、动态风险监控模式；通过对企业客户进行风险画像，对其股权结构、投资担保关系、集团和上下游关系进行图谱绘制，有助于强化风险识别、风险评估、风险控制、风险处置、管理后评价等重要节点，实现数据信息的自由交流。

（2）降成本："艾达"应用文本语义智能分析技术，对舆情信息进行智能风险挖掘和实时预警，业务人员不用再从报纸、网络东拼西凑找信息，实现全流程、全维度、全渠道智能监控预警，显著降低了业务部门信息获取成本和监控成本，提高了监控效率和质量，有效地释放了人员产能。

（3）促发展：好的风险管理促进营销业务的发展，"艾达"通过对企业上下游、管理人、关联关系的判别，主动识别好客户，甄别坏客户，前置风险，助推业务处理效率，提升银行综合竞争力。

4. 项目实施中克服的困难

（1）互联网数据来源五花八门，其真实度、可信度得不到保障，不可避免地会出现一些错误数据和"黑天鹅"事件，项目可以通过采集源的甄选、优化提取技术、增加数据稽核和监控手段来提高数据质量。

（2）人工智能处于幼年期，在感知领域已经取得了巨大的进步，但在语义认知领域才刚刚起步，中文语义分析更是难上加难，项目中利用专家知识库和机器学习对模型进行持续迭代，力争将准确率和召回率提升至80%以上。

（3）由于大数据技术较新，技术复杂，流式平台实时更新，需要由专业技能的人员进行维护，目前不论从系统建设层面还是业务运维层面都缺乏专业人员。

（4）数据结构规则种类繁多，没有统一的数据标准和接口，整合难度大、流程长。解决方案是与各部门做好协同工作，不同系统根据实际情况给出具体方案，确保系统之间数据通畅。

5. 项目收益

打通了数据孤岛，挖掘并提升银行内存量数据价值。解放生产力、发展生产力，提升企业运营效率。"艾达"嵌入业务环节，节约的时间保守估计在20个工作日以上，特别是对于突发事件、隐藏风险知晓的及时性，可有效规避损失。企业实时预警监控，降低授信风险，挽回资金损失。从"艾达"上线至今，触发风险预警标签4303088个，成本中心向利润中心转变。提升全行大数据应用能力，打造数据生态圈。

二、风险控制——中国交通银行信用卡中心电子渠道实时反欺诈监控交易系统[①]

1. 项目背景

本项目实时接收电子渠道交易数据，整合系统其他业务数据，通过规则实现快速建模、实时告警与在线智能监控报表等功能。总体要求能实时接收官网业务数据，整合客户信息、设备画像、位置信息、官网交易日志、浏览记录等，通过规则实现快速建模、实时告警与在线智能监控等功能。

（1）系统维度目标：集成卡中心 Hadoop 大数据平台，搭建适应大数据流式处理分析场景的数据处理平台，满足卡中心用户行为分析、风控、反欺诈等急速增长的各类实时数据应用需求。

（2）数据维度目标：实时对接并处理现有的官网数据，以及其他整合客户信息、设备画像、位置信息、官网交易日志、浏览记录等各类生产数据源。完成在官网日志、非金宽表、消息队列间实现数据的无缝流转，实现多系统内标准的批量或实时数据同步接口。

（3）业务维度目标：重点满足卡中心通过规则实现快速建模、实时告警与在线智能监控报表等大数据应用需求，以更好地支撑异常行为分析、反欺诈等业务的开展，从而有效地对愈趋复杂的非金融类交易进行更加高效和实时的监控。

---

① 主要参与人：李玮斌、解世鹏、黄衍宁、杨帆。

2. 成果概述

通过为交通银行卡中心构建反作弊模型、实时计算、实时决策系统，帮助拥有数十 TB 历史数据、日均增逾两千万条日志流水的国有银行卡中心建立电子渠道实时反欺诈交易监控系统。利用分布式实时数据采集技术和实时决策引擎，帮助信用卡中心高效整合多系统业务数据，处理海量高并发线上行为数据，识别恶意用户和欺诈行为，并实时预警和处置，通过引入机器学习框架，对海量数据进行分析、挖掘构建并周期性更新反欺诈规则和反欺诈模型。

3. 解决方案

（1）方案设计

实时反欺诈交易监控流程：明略数据通过 Hadoop + Spark 结合建立实时反欺诈系统，通过整合连接卡中心全量电子渠道用户行为数据接入大数据平台，并进行实时反欺诈分析，迅速识别欺诈风险。通过系统 API，连接银行体系现有系统，及时维系民众及银行的财产安全，提前预见风险。

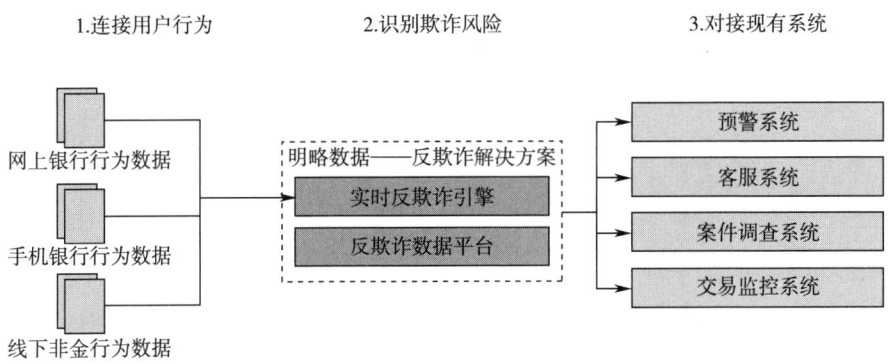

图 5 - 5　明略数据实时反欺诈流程

连接全量电子渠道用户行为数据：对信用卡电子渠道全行为数据

进行整合，包括实时官网数据、非金宽表数据和日批数据，全方位覆盖登录、查询、密码、转账、支付等行为，并采用分流技术架构，利用旁路数据通道保障业务。

识别欺诈风险：利用分布式架构及流式处理技术建立实时反欺诈引擎，通过实施变量衍生计算子系统，提供实时衍生字段模板管理、衍生字段计算函数库管理、衍生字段配置、衍生字段计算引擎、衍生字段计算结果更新等功能，并通过实时决策子系统规则模板管理、规则库管理、规则配置、规则决策引擎、规则匹配告警、黑白灰名单更新等功能。进行海量、高并发、实时的电子渠道交易行为的欺诈行为检测。结合离线机器学习，迭代反欺诈规则，可以更及时、高效地发现欺诈行为。

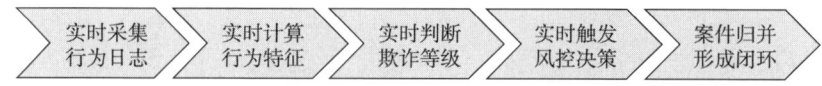

图 5 - 6　明略数据实时反欺诈思路

对接银行现有系统：友好的 API 设计完美对接银行客户现有反欺诈体系和业务系统，包括预警系统、客服系统、案件调查系统、交易监控系统等。

实时反欺诈交易监控系统解决方案架构：面临每秒高并发的大量交易数据、网络行为数据、非金决策数据，明略数据需要帮助客户建议一套拥有迅速丰富反欺诈的数据来源和监控模型，快速、高效地对数据进行多重处理分析，建立数百个实时反欺诈规则及模型，结合当前用户特征数据实时识别欺诈风险，完善风控链条，将风控前移。本项目中利用采用 Hadoop + Spark 分布式的大数据存储与计算框架，能方便地支持集群资源的横向扩展，即通过增加服务器数量的方式提升集群的数据存储容量，同时近乎线性地提高计算性能。

基于对客户的数据进行分析、研究，结合对业务的深入立即和对客

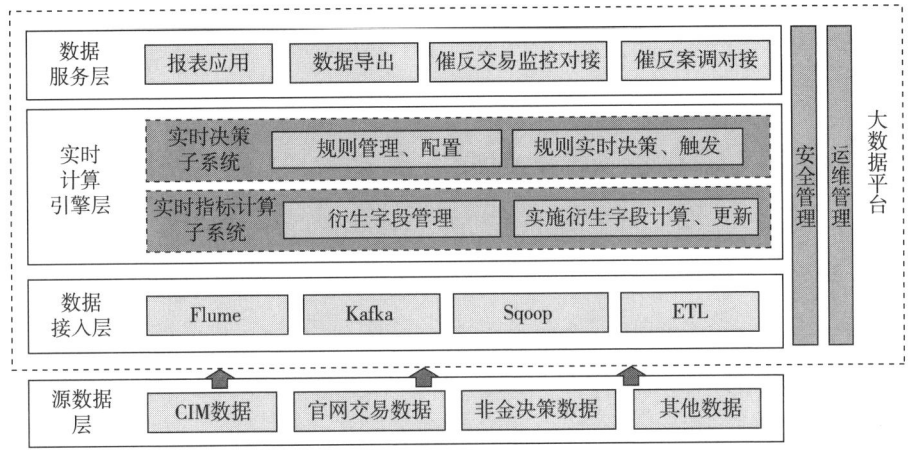

图 5 - 7　明略数据电子渠道实时反欺诈解决方案框架

户的需求分析，明略数据为客户提供整体反欺诈方案设计思路，整个系统逻辑上可分为四个层次，即源数据层、数据接入层、实时计算引擎及决策层和数据服务层。

其中，数据接入层、实时计算及决策层和数据服务层构建于 Hadoop 企业版的大数据基础平台，使用了包括 Flume、Hbase、Kafka、Sentry、Sparkstreaming、Sqoop、ZooKeeper 等各类常用的大数据开发组件，为整个解决方案提供底层的大数据的接入、数据存储、处理技术支持。

在源数据层，有海量不同系统的数据，包括官网日志、CIM 数据和非金决策数据需要同步介入大数据平台，从而实现了卡中心非金交易数据实时监控。由 Flume 将官网行为数据实时介入大数据平台，完成所需数据快速、实时接入。

在数据接入层，系统接收源数据层数据，并根据每种数据源的特性和实时监控需求，采用不同的处理策略。同时，数据接入层还提供必需的数据质量检查、数据清洗等工作，保证后续实时计算的正确性。

实时计算引擎及决策层该功能模块包括实时衍生变量计算子系统、

实时决策子系统，两个系统分别对将实施衍生字段计算结果以及规则进行管理。

在数据服务层，该模块主要提供外围系统交互、报表、MIS 系统数据导出、催反交易监控及催反案调系统数据对接等功能。

在管理层，通过对用户管理和运维管理保障集群运维人员账号间的安全、无干扰及权限分明，以及保证了数据平台的易维护性，更加直观、可视地将整个集群状况展现出来，在提供方便、快捷的针对集群运维管理操作的同时，报警和日志功能有效帮助运维人员及时发现和定位、解决问题，保障数据平台高效可用。

（2）技术实现

"在线实时决策 + 离线机器学习"实现高效实时反欺诈：区别于传统渠道，信用卡线上渠道的特点是在使用、交易阶段进行用户身份真实性核实变得非常困难，同时线上渠道会产生高并发、海量、非结构化、多维度的数据，无论从业务角度还是技术角度对于银行的反欺诈能力都提出了更高的要求。如何有效使用线上渠道产生的海量数据，如何基于大数据方法防控线上渠道的欺诈风险，如何利用新型技术架构解决海量、实时的问题，如何通过机器学习手段缩短反欺诈模型升级周期，这些都是银行迫切需要解决的问题。通过"在线实时决策 + 离线机器学习"结合的解决方案，可以实时监测海量数据，有效避免线上业务中潜在的风险，如信息泄露、冒名、盗刷等欺诈风险，最大限度地监测和防范线上反欺诈行为的发生。同时，利用机器学习，根据实时检测的数据对欺诈规则库进行优化，离线迭代规则，通过对历史行为与实时行为对比，对规则进行离线学习、管理。

在线实时决策：大数据流式处理是一种新兴的数据处理技术，以"流"的形式处理交易产生的海量数据，并基于事件驱动。利用 Hadoop 分布式架构及 Spark 分布式集群计算引擎结合，可以快速、高效地对数据进行协处理、流式处理、交互式分析等。实时根据反欺诈规则库的规则，以及当前用户的特征数据，判断是否存在欺诈风险以及欺诈风险等级，向银行交易监控系统、处置系统输出决策结果。

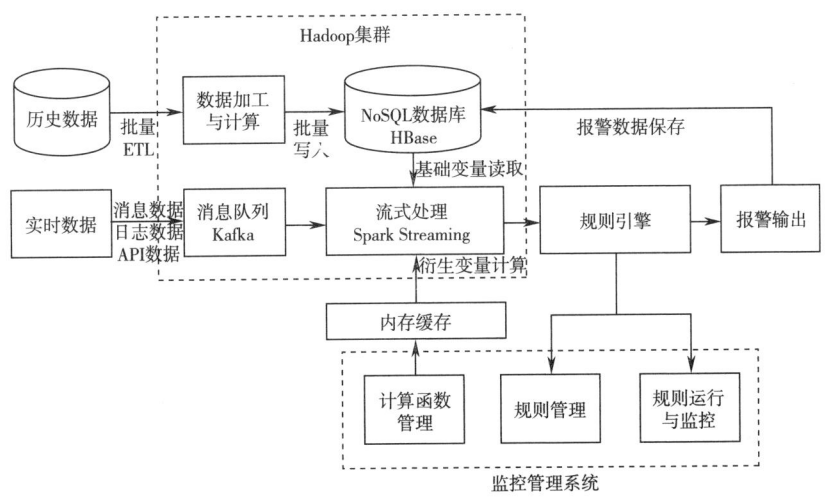

图5-8　实时反欺诈技术框架

基于大数据平台存储的历史数据和计算能力，批量处理数据并存入NoSQL数据库，同时利用Kafka接入交易数据、行为数据等，通过流式处理技术，结合规则引擎，实时、统计和分析客户特征，发生异常，及时进行报警输出。基于Spark内存计算引擎，在获得流式的数据采集后，即能开始按照需求进行变量运算并更新相应的结果。

离线机器学习：明略数据同样基于Spark架构的数据挖掘和机器学习平台，离线构建规则自学习模型，在实时检测异常行为的同时，记录欺诈相关数据，并进行数据清洗以及算法优化建模，从而建立有监督风险特征识别模型。利用LPA/MRF半监督机器学习模型等方式进行特征抽取、变化，更新规则库，帮助风控人员及时发现新型欺诈行为并产生对应的反欺诈规则。同时，提供整体反欺诈解决方案的资源管理和运维保障。

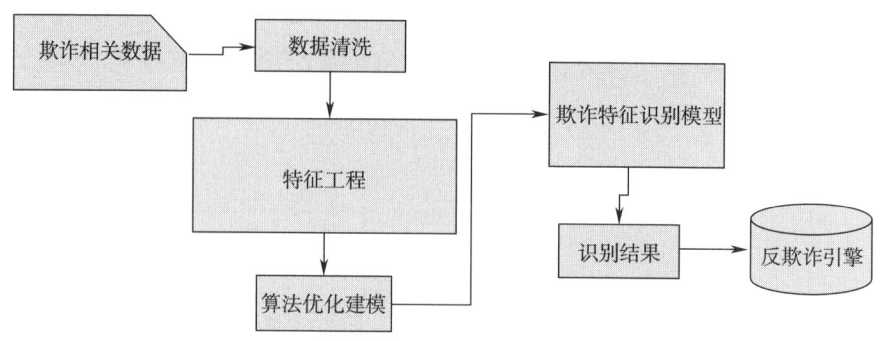

图 5 - 9　明略数据离线分析建模流程

4. 项目实施中克服的困难

随着卡中心移动互联应用的深入推广，互联网欺诈情况也愈趋严重。面对这样的情况，为有效防范互联网欺诈风险，卡中心迫切需要一个利用分布式实时数据处理技术，能容纳 TB 级数据、高流量场景下具备低延迟时效性的实时监控交易系统，从而有效地对愈趋复杂的网络欺诈进行高效和实时监控。对于这样一个系统，需要非常强大的技术经验与积累，作为刚刚成立两年的大数据公司，在技术尚在探索阶段的发展时期，利用 Hadoop + Spark 的分布式技术，迅速熟悉纷繁复杂的金融业务及数据，并结合客户现有的数据和平台情况，进行开发。虽然开发时间短、任务重，但最后仍旧圆满完成了客户的需求，并得到了客户的高度认可。

过去的几年，信用卡行业发生着剧烈的变化。互联网的普及、社交网络化的深化以及移动互联网的快速发展，使得信用卡业务在大数据时代充满挑战的同时，也看到了其蕴含的信息价值。

大数据相关技术方面，具有代表性的是 Apache 开发的 Hadoop 和谷歌 2004 年提出的 MapReduce，两者在处理非结构化数据、大规模并行处理和简单应用方面的优势，然而 MapReduce 无法满足实时计算方面的要求，因为它是一种离线计算框架。

　　流式大数据处理是一种新兴的数据处理技术，其理论雏形起源 20世纪 90 年代的主动数据库研究。由于金融系统数据的数量和速度方面的要求，以及金融交易的复杂性和实时性方面的要求，充分显示了流式大数据处理在该行业应用的机会，其在信用卡中主要应用在以下几个场景：欺诈发现，包括信用卡欺诈、套现、洗钱以及各种其他交易违规行为等。

　　Apache Spark 是目前最为通用的流式大数据处理解决方案，它是一个开源的，通用的分布式集群计算引擎，能够帮助用户简单地开发快速、统一的大数据应用，对数据进行，协处理，流式处理，交互式分析等。Spark 提供了一个快速计算以及近交互式查询的框架。相比于 Hadoop，Spark 拥有明显的性能优势。除了数据分析，Spark 还能够支持数据挖掘。无疑 Hadoop＋Spark 是解决互联网渠道海量并发行为数据的毫秒级实时响应分析难题的最佳技术组合。

　　5. 项目收益

　　作为国内首家在成立之初即引入外部先进技术及管理经验的卡中心，交通银行信用卡中心目前已发展为领先的信用卡发行品牌，2016年累计发卡量为 5043 万张，较年初净增 728 万张，全年累计消费额达人民币 18387.29 亿元，均居行业前茅。在交易额与数据量如此巨大的情况下，明略数据反欺诈系统上线后，运转稳定、高效，迅速监控电子渠道产生的虚假账号、伪装账号、异常登录、频繁登录等新型风险和欺诈行为。系统 7×24 小时稳定运行，日均处理逾两千万条日志流水、实时识别出近万笔风险行为并进行预警下发，相较卡中心传统的处理架构，数据接入、计算报警、案件调查的整体处理时间从数小时降低至秒级，监测时效提升近 3000 倍，上线 3 个月已帮助卡中心挽回数百万元的风险损失。

明略数据为大型国有银行信用卡中心提供了基于大数据分布式流处理技术的实时反欺诈解决方案，完全满足卡中心各项功能要求与性能指标，也充分证明了明略数据深入了解银行业务并将技术与业务熟练结合，利用大数据技术助力银行反欺诈升级的商业价值与技术价值。

（1）方案引入先进的 Hadoop + Spark 技术，解决了互联网渠道海量并发行为数据的毫秒级实时响应分析难题，帮助金融机构 IT 平台向更开放的分布式处理架构演进，轻松应对互联网 + 时代的大数据处理场景；

（2）方案融入了明略数据在互联网风控反欺诈领域的最佳实践经验，在金融交易流水数据的基础上综合利用网络行为日志等新数据，通过构建领先的风险决策引擎，提升了传统风控业务对风险全景分析和实时预警的能力，助力更安全地向互联网金融业态转型创新；

（3）逐步从离线的存储查询向在线的实时分析处理升级，既顺应了金融业务互联网化的发展趋势，也为金融机构发掘出了可靠且有效的大数据业务价值。

三、风险控制——光大银行大数据风控智能化数据产品：滤镜①

1. 项目背景

以大数据、移动互联网为代表的新型技术正在推动实体经济变革与创新，银行的风险管理决策方式也逐步转向智能化和移动化。近年来，光大银行科技创新机制催化大量创新项目支持行内业务智能化转型，其中大数据实验室在风险管理领域积极开展风险预警分析研究，成功孵化数据产品"滤镜"。该产品利用大数据技术对企业客户进行过滤，提示高信用违约倾向的企业名单，向总、分行风险管理决策者提供更加科学精准的决策支持，同时依托移动数据应用平台"光速观察"提升风险决策的时效性。

2. 成果概述

滤镜数据产品依托光大银行移动应用平台"光速观察"，运用多项大数据分析技术，构建大数据风险预警信号，采用名单式管理模式，向总、分行风险管理决策者提示具有高信用违约风险的企业信息，有效提升风险决策时效性和精准度。

滤镜将社交网络分析技术充分应用到风险预警监控，实现了预警管理从"单点"扩展到"网络"。综合运用图算法进行客户风险预测，实现客户、群体、网络评分，精确锁定潜在风险客户。

目前在该数据产品上已投产运行三大风险预警信号，将三者相互

---

① 主要参与人：李璠、刘锦淼、王瑜、朱良妹、田江、郝玥。

结合在一起，把隐匿在客户行为和客户交往圈中的资金短缺、风险传播、群体违约等风险事件特征化，从而揭示客户潜在的信用违约风险。

被滤镜预警提示的企业通过全量、增量两份名单进行风险提示。以名单为入口逐级追索风险成因，并通过数据可视化方法直观展示预警对象在网络中的风险传播路径，为人工排查提供依据；另外一份增量清单特别提示新增风险，警示企业风险恶化动态。

图 5 - 10　风控场景示例图

3. 解决方案

滤镜数据产品的整体解决方案由以下几部分组成：

（1）通过大数据模型预警高风险企业

社交网络技术是大数据在风控领域的核心技术，对于企业关联信用风险的识别有着很好的效果。本项目充分应用此项技术，构建"风险共同体"和"复杂循环担保"两大预警信号，识别不同网络形态下的风险传播特征。经评价分析，两类预警信号的预警有效率分别达到

12.9%和41.2%，优于传统预警信号。此外，本项目还运用文本分析等其他大数据分析方法，识别出与信贷违约相关的大数据风险因素作为风险预警的关键信号。

（2）基于移动端进行风险预警提示

滤镜依托于"光速观察"移动平台，面向总、分行风险管理决策者，对企业风险及时预警、快速决策，为后续预警处置工作争取宝贵时间。

（3）内外部数据互联互通

滤镜所依托的大数据数据源不仅限于光大银行内部的各类客户、账户结算及信贷信息，还包括监管机构共享的风险类数据，如银保监会客户风险统计数据及人民银行对公征信数据，以及外购的工商信息等。滤镜通过不断拓展大数据来源，加强风险信息整合性，显著提升风险识别能力。

（4）风险动态、可视化分析跟踪

滤镜数据产品动态跟踪企业风险，实现提示新增风险、警示恶化情况、展示预警命中违约信息等风险分级分类管理，使风险管理者有的放矢，分门别类地对预警企业进行风险化解和处置。同时利用数据可视化方法支持风险成因分析，相较于传统的预警文字描述信息可以提升风险分析的效率。

4. 项目实施中克服的困难

面向全面的风险预警监控管理，需要从行内外整合各类有效数据，这是在开发滤镜数据产品时面临的最大挑战。部门的内部风险数据已有效整合于银行数据仓库中，目前更待整合的是各类已采集的外部数据源，在外部数据管理平台将对外部数据进行登记、存储及管理，实现外部数据的共享。滤镜还将不断拓展外部大数据来源，加强风险信息整合性，实现更丰富场景的分析应用。

5. 项目收益

"滤镜"自 2016 年 5 月底开始上线试运行，通过后评价分析，大数据预警信号过滤的企业在预警后 6 个月发生违约的平均概率为 27%，较传统基于专家规则的模型有明显提升。滤镜目前以月度为单位产生预警客户名单，月均预警客户数约 300 个，对应预警客户授信余额达 300 亿元，可以据此估算可能减少的损失金额可达数十亿元。

四、风险控制——恒丰银行全面风险预警系统①

1. 项目背景

恒丰银行近年来陆续推出了信贷工厂、消费金融、供应链金融等一系列网贷、平台贷业务，为不同行业、不同规模的客户提供了丰富的信贷类产品。业务规模快速发展的同时，如何快速、全面识别、监测、防范客户信用风险，成为银行风险管理领域最为重要的工作之一。对此，恒丰银行提出通过运用大数据技术构建信用风险预警系统，加强风险信息归集、监测、审查的准确性、及时性，强化风险预测能力。

2. 成果概述

全面风险预警系统依托于星环大数据基础平台，整合行内外数据，包括行内授用信、不良、逾期、征信、行外司法、舆情、风险信号、工商、关联关系等，以多种方式为用户提供客户的风险提示和风险发现功能，为及时处置风险争取时间。

数据主要来自于行内交易、业务数据沉淀、外部数据采购等方式接入，结构化、非结构化数据共治，整合了共计数千万家企业的相关信息，通过批处理和数据加工处理，能够达到在 1 秒之内为用户提供需要的服务。

3. 解决方案

恒丰银行信用风险预警系统主要分为基础数据层、基础技术服务

---

① 主要参与人：曾光尧、何海清、李绍楠、朱泽辰。

层和应用层，其总体架构如图 5 – 11 所示。

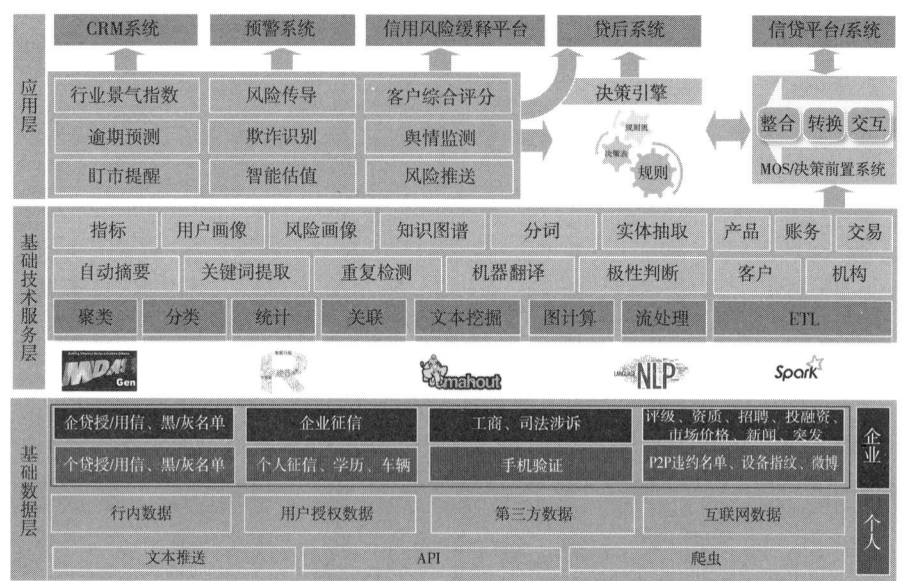

图 5 – 11　信用风险预警系统总体架构

（1）基础数据层：风控系统数据引入

基础数据层主要负责行内行外数据接入、存储，通过自建爬虫体系、购买外部服务数据 API 或文件批量推送服务实现各类数据的接入，形成风控专用的风险数据集市。根据获取权限不同，风控数据可分为四类：

第一类为行内数据，主要包括企业和个人的基础信息、授用信信息、还款信息、账户信息及各类黑、灰名单等，均为结构化数据，可直接从行内的大数据平台接入，数据准确、权威，但覆盖面相对较少；

第二类为用户授权数据，包括企信征信、个人征信、个人学历、个人车辆、电商交易记录等数据，主要通过第三方提供的 API 接口接入；

第三类为第三方公司数据，包括工商、司法、手机验证等，这部分数据主要以 API 接口获取为主，以文本文件推送为辅；

第四类是来自于互联网的各类免费数据，包括企业的评级、资质、招聘、投融资、市场价格、新闻、突发等数据，个人的设备指纹、微博等数据，这类数据主要通过爬虫获取为主，文本文件推送、接口接入为辅。

在数据接入节奏方面，对于行内数据，主要以"数据驱动为主、业务驱动为辅"的方式，提前将可能用到的数据全部接入进来；对于行外数据，则在充分评估数据效用、接入周期、接入技术难度、更新频率等各种因素后，以"业务驱动为主、数据驱动为辅；急用先行、分步接入"的方式逐步接入。

（2）基础技术服务层：风控系统数据处理

基础技术服务层主要对基础数据层接入的数据进行深加工，而在基础数据层接入的数据以结构化数据为主，如授用信信息、工商信息等；以非结构化数据为辅，如财经新闻数据、微博数据等。

对于接入的这些数据，需要进行三个层次的整合加工，如图 5-12 所示。

第一是将非结构化数据结构化并进行 ETL 处理，通过文本解析、正则表达式、语义网等技术抽取关注的要素信息，如互联网上政府、行业协会公示的企业资质信息，评级公司公开的企业评级信息等；

第二是根据应用需要对文本信息进行分词、实体抽取、自动摘要、关键词提取、重复检测、正负面极性判断、语义分析、文本分类等标记及基础指标加工等处理，这是数据处理过程中最核心部分；

第三是基于结构化、标记后文本及基础指标，借助文本挖掘、MIDAS、R 等技术或工具构建形成客户统一风险视图，如客户授用信指标、还款情况、涉诉情况、经营情况、舆情信息，并通过关系图谱、投资图谱等各种数据的进一步关系强化，进而形成完整的企业和个人知识图谱等。

（3）应用服务层：风控系统价值展现

借助大数据平台接入及经过技术服务层深加工之后的各类数据，

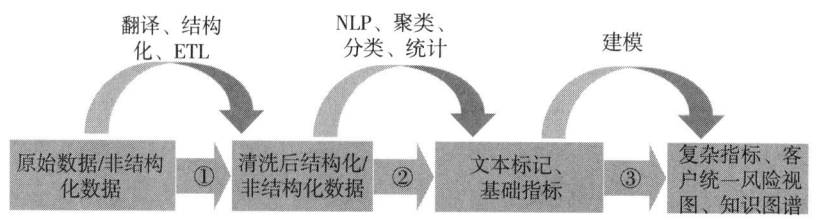

图 5 - 12　数据处理流程

将通过应用服务层直接或与其他关联系统交互的方式发挥风险控制作用。

一是单笔业务的风险防控，涵盖授信业务的贷前、贷中、贷后全生命周期，主要由用户发起，属于被动式风控方式。

贷前阶段，在获取客户基本信息之后，风控平台将从基础数据及基础技术服务层获取客户的各类信息，包括各类黑名单命中情况、工商信息、财务信息、舆情信息、股东信息、投资情况等各类关系图谱、投资图谱等信息，形成一份完整的客户统一风险视图及风险扫描报告，客户经理可基于此进行贷前分析及报告撰写；

贷中阶段，在获取客户授权以后，风控平台将接入征信、学历、车辆等各类数据，并结合基于大数据征信形成的 A 卡由决策引擎给出客户审批建议、核算建议授信额度等；

贷后阶段，根据贷后风控策略定期监测已授信客户风险信号，包括客户履约情况、担保情况、偿债能力变化情况等，协同贷后系统、风险缓释平台进行风险处置。

在单笔业务场景下，基于大数据技术的决策引擎，其规则的生成和配置与传统依据统计分析生成有所不同，在此背景下，组成规则的指标可引入机器学习等算法，通过特征工程选择关联性强的特征，同时考虑到风控面临的监管的严肃性、审慎性，一般选取解释性较好的特征加入风控规则。另外，基于大数据的风控体系，在授信的全生命周期均能审查客户的各类风险信息，能较好地规避因客户经理隐瞒客户不良信息的道德风险。

二是批量业务的风险防控，主要应用于贷前调查和贷后风险监测、风险缓释。当银行研发一款新产品时，通常需要确定目标群体并评估该群体状况、市场规模及业务前景，此时可通过风控系统对目标客群进行批量风险扫描，快速评估目标客户风险状况，预测新业务发展前景，及时对新业务规划、目标进行相应调整；贷后阶段主要结合客户授信偿还情况、担保情况及其他风险因素变动情况触发贷后进行风险处置及押品系统、风险缓释系统进行担保物的核查、处置。

三是风险的监测、追踪、预警、预测，主要通过构建行业发展景气指数，并从行业、地域维度分析风险暴发情况，辅助业务规划及相关有权部门调整高风险行业和地域的贷款投向；通过持续追踪国家产业政策的变化，各部门、各地方政府相应细则的落实，协助分支机构紧盯国家、中央层面动向，合理安排信贷投向；通过监测各类突发事件，应用文本挖掘及知识图谱技术快速识别风险类别、风险主体、发生地域等，通知相关部门及时评估事发客户及下游客户风险，启动资产保全措施，及时挽回损失。在该类应用过程中，将对各类风险进行分类、分级，并根据应用系统及不同用户进行差异化消息推送服务，推送方式包括系统消息、邮件及短信等。

同时，基于海量文本舆情数据的全行客户负面舆情监测功能，更是为各级经营主体及风险管理部门主动应对突发事件，及时采取风险化解措施提供了有力的管理工具，本功能通过 Kafka/Akka 技术实现信息的推送和分发。

4. 项目实施中克服的困难

（1）面对的挑战

大数据时代，风控被认为是大数据技术在银行业最有前景的应用场景之一。同大多数商业银行一样，恒丰银行也希望通过大数据技术加强信贷业务，尤其是线上信贷业务的风险防控，以满足平台贷等业务规模骤升过程中的自动化风险检测与审批需求。然而在具体实施过程中也依然遇到一系列的困难和挑战，包括观念的转变、资源的短缺等。

业务模式的转变，新的风控理念尚未成熟。

数字化银行业务是典型的适应互联网金融环境诞生的金融产品，其业务模式与传统业务有较大不同，且仍处于快速变化的状态，对应的内外部相关监管规则亦处于逐步完善之中。如何在快速推进新业务与严格遵守传统监管要求之间求得平衡，是业务经营方、监管方主要考虑的问题；大数据风控技术是逐步替代传统风控手段还只是作为增强手段，各方的风控理念尚未完全达成一致。业务模式的不确定、监管规则的不明晰，大数据风控的深入应用仍处于探索过程中。

认知的偏见，大数据风控正名尚需时日。

在银行传统风控人员的认知中，现有线下信贷业务风控手段相对比较成熟，业务使用广泛，已能够满足内外部监管的要求，只要严格遵守则基本无须承担风控不力的责任；而使用大数据技术风控，现有数据的完备性、准确性存在一定的不足，风控模型效力仍有待时间验证，亦存在风险遗漏的情况，缺乏传统风控手段的"可靠性"，对大数据风控技术的使用持有一定的怀疑态度。

而事实上不管是传统风控手段，还是大数据风控技术，都只能最大限度地降低风险而非杜绝风险，风控的效果指的是概率上的优劣。现如今互联网金融模式的快速发展，需要从业人员不断创新风控思路，在不断试错、不断改进过程中完善风控体系，而不能抱残守缺、墨守传统风控理念，停滞不前。此外，客户信息的完备性、准确性永远是一个相对概念，没有绝对完整、准确的客户数据，只能是多方位完善、选择性取舍。

数据极度缺乏，数据接入困难超预期。

当前金融产品日益多样化，客户准入门槛逐步下沉，商业银行对优质客户的争夺愈演愈烈；而另一面，客户对商业银行产品越来越挑剔，对授信金额、审批速度的要求也越来越高。为了能够在这场争夺战中占得先机，必须通过加强对客户行内外信息的整合，全面、快速、准确识别客户风险，迅速做出授信决策。客户行内数据在大数据平台构建过程中得到解决，而外部数据在接入过程中则遇到较大困难。首先，外部数据质量参差不齐、数据效用较难评估，需要较长时间进行沟通、分析、确认。其次，对于线上常见的平台贷等业务，由于银行不直接面对客户，传统的埋点等风控数据采集方法难以施行。

案例库的缺少，大数据风控模型优势难以快速体现。

对于很多中小型银行，因业务规模及信息系统建设滞后等原因，不良授信的案例库要么缺失、要么案例较少，尤其是对于线上的互联网金融等新生业务，不良案例库更是少之又少。由于案例库的缺少，目前风头正劲的机器学习等新的风控技术难有用武之地，大数据风控技术、模型的效果难以得到充分的验证，目前基本只能通过对传统业务客户的历史逾欠情况进行分析，以此来评价风控模型效果。

（2）应对方案

数据接入与整合：行内数据的接入、整合相对简单，基本上是以数据驱动为主、业务驱动为辅的方式，提前将可能用到的数据全部接入进来；但是行外数据的接入，则需要考虑数据费用、数据接入周期、数据接入技术难度、数据更新频率等各种因素，因此主要以"业务驱动为主、数据驱动为辅；急用先行、分步接入"的方式逐步接入。如对于只能通过第三方接入且费用较高的工商数据，优先将行内存量客户及全国部分核心客户批量接入并定期更新，其他未接入的数据在使用时通过 API 实时接入，但最终目标是全部接入；对于只能通过第三方且无法全量引入的如征信、手机号验证等数据，通过 API 访问并缓存；对于互联网上的海量的舆情信息，考虑到信源巨大、维护工作繁琐，这类数据也只能通过外接第三方公司；对于设置了反爬虫或反爬虫手段很强的互联网数据，考虑到技术的专业性及反爬虫技术的更新，亦需要通过专业的第三方公司接入；而对于无反爬虫限制或限制较弱、信源格式相对较为固定的信源，则采用自主搭建的爬虫体系爬取；对于信源数据更新频率很低，但抽取难度很大的数据，如各地方以图片形式公布的区域年度 100 强企业名单，则通过手工补录的方式进行接入。

5. 项目收益

恒丰银行信用风险预警系统自投产上线以来，经过模型的不断扩充完善、技术的不断升级、系统性能的不断优化，并经过多个平台贷、网贷业务系统近一年时间的检验，风控能力逐步提升，在客户风险识别效率、准确率、成本控制等方面较传统风控手段有了大幅提高。

新增信贷资产质量大幅提升。以某平台贷为例，自风控系统启用以来，其新增授信业务逾欠率控制在 1% 以内，且呈逐渐降低态势，效果十分显著。

新增的网贷、平台贷授信业务发放效率显著提升。传统贷款类授信业务发放周期为数天至数周甚至更长时间，而在不降低风险防控水平的情况下，基于大数据风控技术的航信票贷、恒信快贷等业务产品却实现了 24 小时，甚至 8 小时放款，即将投放市场的另一款零售产品将实现准实时放款，授信审批效率和客户体验大幅提升。

新增业务的客户贷前调查成本大幅降低。在以往的风控模式下，客户经理逐一收集客户各类信息，逐一审核并编制调查报告，人力物力成本巨大，这也是众多银行开展传统小额贷款不积极、不主动的原因之一；而在大数据技术风控模式之下，新增信贷业务采取预先收集意向客户简要信息，经风控系统的黑名单及各类风险的排查后（不含需客户授权的人行征信等风控过滤），初步确立可进一步发展的客户名单。经对某平台贷的数据统计，风险预审过程可综合节约近 80% 的人力成本，同时基于该统计数据调整的业务发展规划更为科学、符合实际。

五、风险控制——腾讯云"天御"大数据反欺诈平台[①]

1. 项目背景

在金融领域互联网化的背景下，金融机构特别是互联网金融企业，更加追求便捷高效，简化手续，强调服务体验，而这一特点也易被不法分子利用，虚假注册、利用网络购买的身份信息与银行卡进行套现，"羊毛党"通过低成本甚至零成本取得互联网平台奖励，"多头借贷"乃至开发电脑程序骗取贷款等不法手段已经形成了一条"黑色"产业链，互联网金融行业面临着严禁的挑战，对于互联网金融行业而言，欺诈风险高于信用风险。

2. 成果概述

腾讯云"天御"大数据反欺诈平台（AF）是腾讯首次在云端输出反诈骗技术能力，依托 19 年安全积累、亿级体量的黑产数据，腾讯从计算力、算法、数据等三方面能力为反诈骗 AI 创新提供条件。腾讯云反欺诈产品包含有反薅羊毛、反骗贷、反洗钱、反骗保（保险）、移动银行 APP 保护、防盗刷等众多应用程序接口（API），无须改动企业 IT 系统。"天御"系统数据来源包括支付画像、群组画像、社交画像、设备画像、行为画像等几大类别。主要应用于银行、证券、保险、P2P 等行业客户，准确识别恶意用户与行为，解决客户在支付、借贷、理财、风控等业务环节遇到的欺诈威胁，降低企业的损失。

---

① 　主要参与人：杨光夫、王川、杜晓宇、巴洁如。

1.贷前审核风控
· 天御反欺诈服务：识别客户的逾期风险
· 人脸识别服务：解决线上开户的本人和活动识别

2.银行卡支付防盗刷
· 支付防盗刷服务：发现银行卡存在的盗刷、洗钱、套现交易的风险

3.线上营销风控
· 活动防刷服务：信用卡积分薅羊毛识别，邀请码返现等促销活动的被刷风险识别

4.网站或APP的安全风险
· 钓鱼网站举证服务：发现并溯源到钓鱼网站的whois信息
· 渗透测试服务：发现网站漏洞及时修复风险
· 安卓APP加固和安全测试服务
· 抗DDos服务

图 5 – 13　应用场景

3. 解决方案

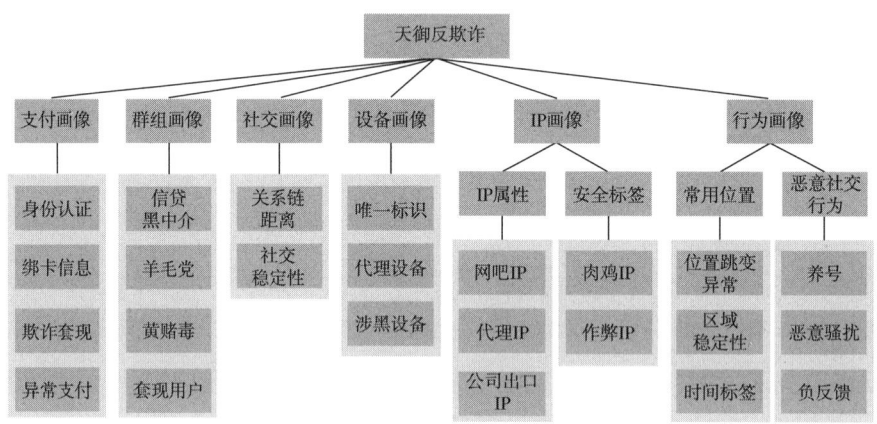

图 5 – 14　"天御"反欺诈系统数据来源

贷前审核与贷后监控：在贷前审核方面，运用 10 余年与黑产对抗积累的100T以上数据，覆盖账号、手机、设备、IP 等各个维度，这些数据具有规模大、维度广、垂直深、场景高频的优势，依托腾讯生态数据，支持手机号、设备、银行卡、邮箱等多个检测维度，通过基于腾讯海量大数据分析用户的行为和账号的风险等级，可以精准定位线上借贷背后的"自然人"，通过精准识别虚假信息申请、冒用身份申请、高危用户申请、机构代办、多头借贷、组团骗贷等互联网金融风险，以提

升金融机构反欺诈识别能力。商户通过输入手机号、IP、手机设备标识、身份证号、银行卡等信息，天御返回风险等级，提供用户的欺诈风险评分评估服务（图 5 – 15）。在贷后监控方面，可实时更新欺诈信息库，对存量用户进行检测，及时发现跨平台逾期、多头借贷、用户异动等风险，并重新对借贷人加大催收关注度，减少逾期坏账概率。

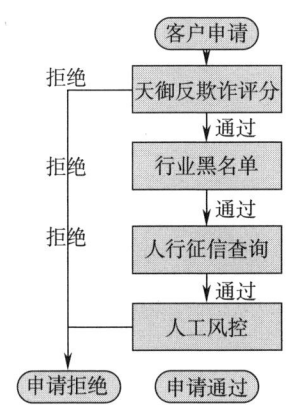

方案使用说明

·降低成本

在用户申请贷款的第一步使用，降低风控成本，天御反欺诈相对行业黑名单等具备明显的成本优势

·灵活控制

客户可以根据自身业务选择"高、中、低"的风控尺度，灵活地应用在试投、小额、大额、邀请等种业务

·加快放款速度

通过天御反欺诈快速做出风控决策，加快放款速度，提升产品体验

图 5 – 15　贷前审核场景示例

活动防刷（反羊毛党）："羊毛党"必须通过掌握大量的虚假账号进行注册，才能享受活动优惠。"天御"防刷服务可提供用户的"薅羊毛"指数，将有限的活动资源发放给真是用户。商户输入账号（手机号、QQ 号、微信号等）、IP、时间等信息，天御基于电商黑产、金融黑产、社交/游戏黑产、欺诈黑产等大数据＋恶意模型分析，进行风险识别，返回风险等级。

"黑产"风险防控：在风险分析方面，腾讯云反欺诈平台对各个平台进行综合分析识别潜在风险，如对各类型风险事件的分布和趋势进行分析。

4. 项目实施中克服的困难

大数据在反欺诈领域的应用中存在一定制约因素，主要包括：

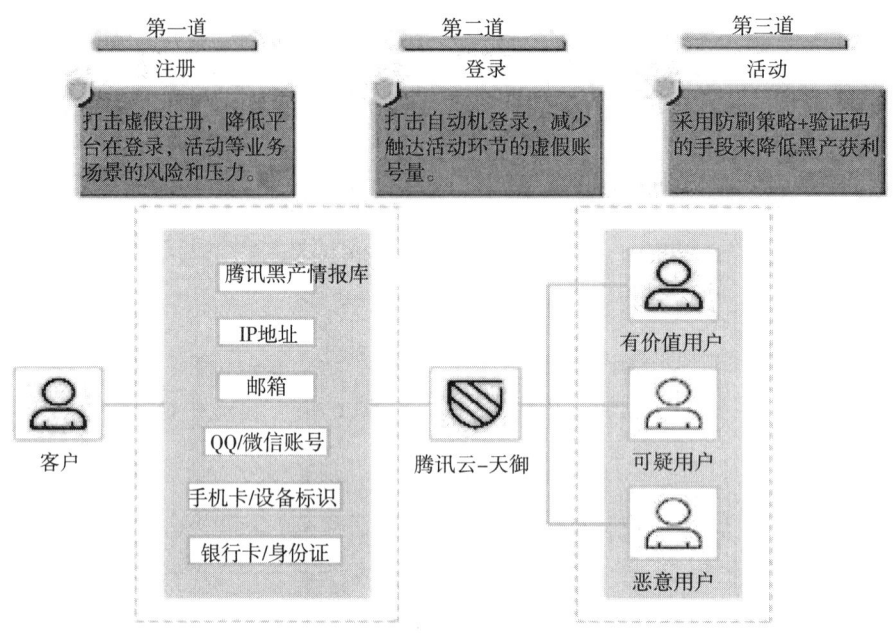

图 5-16　"活动防刷"场景示例

一是随技术的进步，欺诈风险形态也在不断变化，反欺诈工作也面临着新的环境和挑战。业界应形成共识，金融风险是永恒存在的，互联网领域的欺诈风险不可能完全被消灭，任何反欺诈系统都不是万能的，从技术和风控角度，反欺诈系统自身需要不断学习、迭代，以应对欺诈风险特征的变化。

二是反欺诈系统大规模运用可能带来同质化效应和金融科技自伺服的风险。一方面，行业大规模采用同一技术的反欺诈系统可能导致相关数据、算法等同质化，一旦存在相关漏洞，可能引起大面积的风险；另一方面金融科技可能具有自我强化的功能，或具有一定的学习能力，而任何算法模型可能与现实都是有偏差的，或者是运行一段时间后的算法及模型可能出现与现实情况的新偏差，这些都可能使得相关的运行无法收敛。

三是基于大数据技术的反欺诈系统对信息数据安全提出了更高的

要求，一旦发生数据泄露，可能极速扩散或导致更加严重的数据篡改，甚至出现智能欺诈的情况。

5. 项目收益

贷前审核与贷后监控方面，微众银行微粒贷产品逾期率低于0.3%。活动防刷方面，一是注册环节，识别虚假注册。二是在登录场景，登录环节通过验证码、短信验证码等手段来降低自动机登录的效率。三是在活动环节，通过短信、语音验证码降低黑产刷单的效率。黑产情报方面，全面掌握互联网金融黑产的行为特点、从业人员规模、团伙地域化分布以及专业化工具等情况，并制定针对性的打击策略。黑产风险防控在黑产情报方面，基于腾讯的生态系统，其积累了丰富情报收集和自动学习能力。

六、风险控制——百度"磐石"金融科技产品[①]

1. 项目背景

百度金融，致力于成为一家真正意义上的金融科技公司，利用人工智能、大数据风控等技术优势，夯实金服业务、搭建金服平台、输出金融科技，驱动金融科技进入智能时代。

百度金融在 AI Fintech 领域已完成七大布局：金融云、区块链、智能获客、身份识别、大数据风控、智能投顾和智能客服。

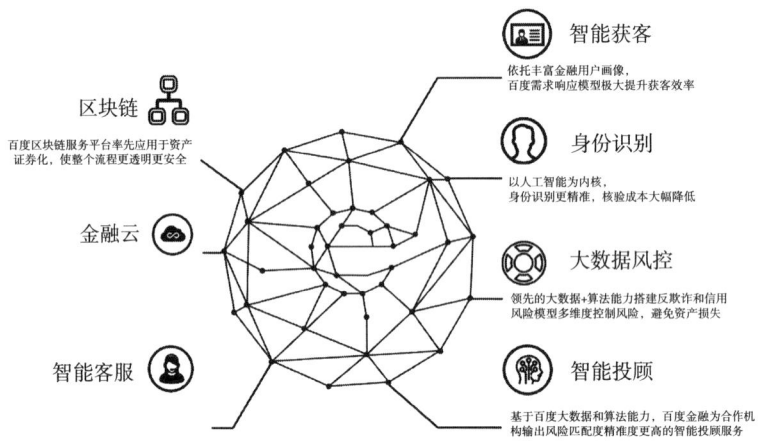

图 5 -17　百度金融在 AI Fintech 领域七大布局

作为最有技术基因的巨头之一，百度的技术基因正在全面注入百度金融，百度金融拥有百度独有的数据特征和算法，百度的梯度增强决策树可以聚合大数据高维特征，可以实现高维数据降维、增加风险区分度；通过百度的深度学习，将特征嵌入，利用关联挖掘等解决数据稀疏

---

① 主要参与人：石立权、杨潇、陈浩、陈锋、阮星华、孙广宇。

问题。从 3000＋降维至 400 维，可将行为的风险区分度有效提升 5％以上；而基于百度数亿级用户数据，通过图计算，可将信用标签传递，丰富信贷样本。

百度金融以人工智能、大数据、云计算为代表的科技能力为基础搭建金融科技产品—"磐石"，旨在为银行、互联网金融机构等提供身份识别、反欺诈、信息核验、信用分等系列产品能力及一体化解决方式。

2. 成果概述

磐石依托百度实时、海量、多维数据，100 亿＋次搜索行为（日），8.6 亿＋账号用户画像，单日数十亿级别的百度数据的增加，如搜索、贴吧、文库、知道等，以及通过多维度的深度特征加工与深度学习算法，在分布式集群上，进行同步的事实并行集成运算，可实时或准实时产出所有相关核心产品。

表 5－1　　　　　　　　　　　百度磐石产品功能

金融科技	产品模块	产品概述
身份识别	活体识别	磐石活体识别，集成百度 PaddlePaddle 深度学习平台、图像检索以及通用图像技术能力而提供的人脸识别技术服务。同时具备设备风控能力，让活体识别应用环境更加安全。
	OCR 文字识别	基于业界领先的深度学习技术为客户提供多场景、多语种、高精度的整体文字检测识别、身份证识别及银行卡识别服务，帮助金融机构提升业务处理效率。
反欺诈	风险名单	依托百度大数据及人工智能技术，为客户提供高风险用户识别服务，为金融机构提供参考依据，降低业务风险。
	多头防控/关联黑产分析	利用百度大数据、人工智能技术以及图形化关联建设技术评估输出用户多头风险、关联黑产的量化情况，多维度细分多头借贷、识别团伙欺诈，更精准地控制存在的信用及欺诈风险。
	交易反欺诈	识别交易中虚假注册、登录攻击、申请欺诈、银行卡欺诈、盗户欺诈、电信欺诈、营销欺诈等行为，目前支持私有化部署。

续表

金融科技	产品模块	产品概述
信息核验	地理位置核验	依托百度大数据，为客户提供包括地址验真、地址距离查询在内的相关服务。
	用户授权认证	目前支持包括运营商和公积金认证，可以便利查询用户运营商及公积金数据，进行信用风险查询。
信用评分	信用分/联合建模	依托百度大数据及人工智能技术，为客户提供用户信用评分，具备覆盖率高，模型区分度强等特点，可有效应用于客群划分、审批信用风险、资产违约预测等场景。
"福尔摩斯"		依托图关联技术，结合百度各场景海量数据，构建了业界领先的图关联系统网络，可以帮助金融机构有效识别隐藏在网络中的黑产信息，在团伙欺诈、黑中介识别、复杂风控规则实现等方面协助机构快速提高风控产品和运营能力。

3. 解决方案

磐石合作机构主要有银行（如中国农业银行、招商银行卡中心等）、持牌消费金融机构、持牌小贷公司、保险公司以及互联网金融公司，解决客户面临的身份伪冒、欺诈风险、虚假材料、信用风险、团伙作案等行业痛点问题。

身份伪冒：集合磐石活体识别及 OCR 技术，秒级确认用户身份是否真实有效，传统确认则需要 1~2 分钟，显著提升机构识别效率。

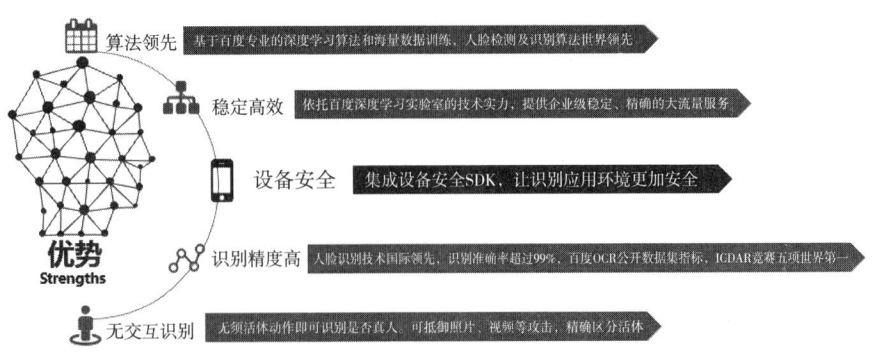

图 5－18　磐石身份识别优势

欺诈风险：通过磐石大数据风控模型产品风险名单、多头防控分、关联黑产分的排查及时洞察高危行为，为机构降低欺诈风险。

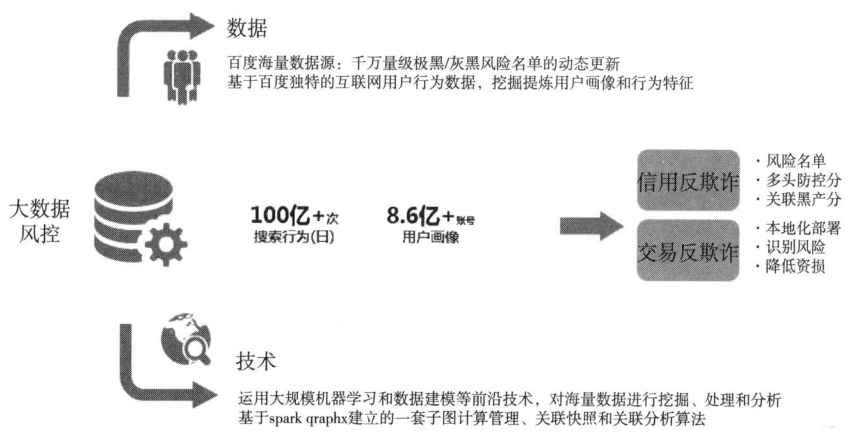

图 5 – 19 磐石反欺诈产品能力

虚假资料：依托磐石信息核验产品提供的系列能力，识别申请用户资料造假，有效降低欺诈风险。以磐石地理位置信息核验为例，依托百度地图覆盖70%的移动人群，精准刻画居住地、工作地、常访地，准确率达到85%以上，为机构输出距离等级验证（例如 A：0～5km B：5～10km C：10～15km D：15～20km），用于机构判断客户欺诈风险。

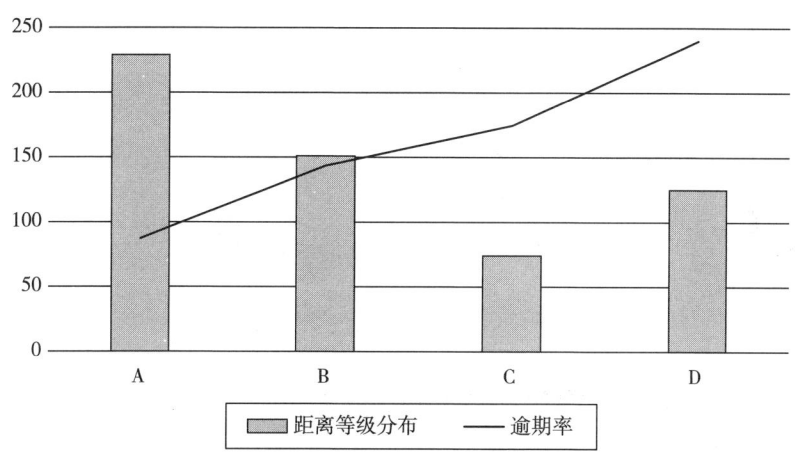

图 5 – 20 磐石地理位置信息核验产品在某金融机构的应用

信用评估：磐石信用分用户覆盖率高、模型区分度强，有效解决国内信贷申请用户征信数据维不足、信用白户等问题，降低信用风险。

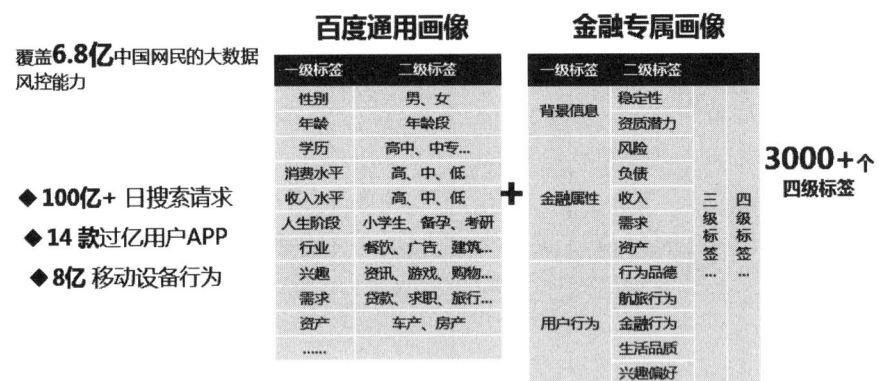

图 5－21　磐石信用分数据源及特征库

团伙作案：依托图关联技术，结合百度各场景海量数据，构建了业界领先的福尔摩斯图关联系统网络，可以帮助金融机构有效识别隐藏在网络中的"黑产"信息，在团伙欺诈、黑中介识别、复杂风控规则实现等方面协助机构快速提高风控产品和运营能力。

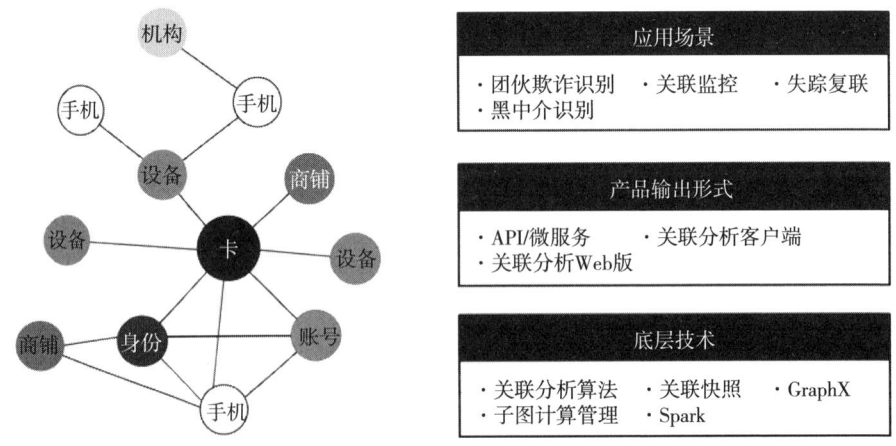

图 5－22　图关联技术的应用

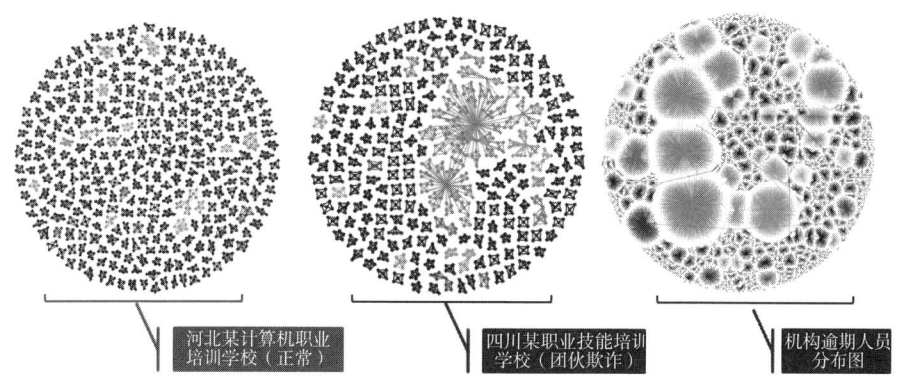

图 5-23　磐石福尔摩斯产品识别团伙作案案例

4. 项目实施中克服的困难

在信息安全方面，磐石产品对一些敏感信息采用了服务端对服务器的推送机制，而且数据进行了加密和 MD5 签名认证；客户端本身对接入机构 App 进行了签名和包名的认证机制，确保认证过的机构才可以使用；客户端本身具有环境安全的检查，对防调试、注入、root、重打包等操作进行了有效防护；客户端和服务端敏感数据的传输采用了 AES + RSA 的机制加密传输。

5. 项目收益

百度磐石金融科技产品，依托百度大数据，整合百度实时、多维、海量的沉淀数据，使用图关联算法，形成了具备 170 亿顶点，680 多亿边的实体关联大网，提供实时、交互式和离线多种方式的应用，并基于关联网络构建反欺诈能力，服务于信贷风控、案件反查、催收、资保等多种场景，有效地提高了机构的运营能力及风控能力。

截至目前，该产品累计为百度内部信贷业务拦截数十万欺诈用户、拦截数十亿不良资产、减少数百万人力成本。目前累计合作近 500 家外部金融机构，客户类型主要有银行类、持牌类消费金融机构、持牌类小贷机构等，如中国农业银行、招商银行卡中心、马上消费金融工资、维信金科、真融宝等机构。目前，外部机构日查询达数百万次，帮助机构降低资产损失，有效提升了金融行业整体风险防控水平。

七、风险控制——京东金融基于大数据的行为分析系统[①]

1. 项目背景

近年来，随着移动互联网的兴起，移动支付已经为人们的生活带来诸多便利。而近两年，人脸支付、指纹支付、声纹支付等支付方式也慢慢被人们所接受，除了支付领域，人脸打卡、人脸识别登录、指纹登录等也有较为广泛的应用，但是目前这些技术手段仍然存在较大的安全风险，例如，用户利用面具、假人、假手指等方式欺骗识别系统，为了提高系统的安全性，产品采用大数据的方式对当前用户的行为进行前期建模，构建用户特征模型，通过特征分析和比较来提高系统的安全性，一旦发现非本人操作，系统将给出预警或者禁止本次交易的发生，从而最大限度地保护用户的数据安全。

2. 成果概述

每个用户在使用手机 App、PC 时，用户的行为习惯是有明显的差别的，即使两个很相似的人，他们的行为习惯例如左右手、点击速度、点击位置、体态特征等也是有细微的差别，而且这些大多数细微的行为习惯是不被用户所感知的，用户在潜移默化中表现出了自己独有的特征。基于此，京东金融利用京东大数据平台，设计用户行为分析算法模型，用来学习用户的行为特征，并对用户的行为特征最终做出综合评价，从而得出当前用户的行为是否与机主的行为匹配，一旦发现风险，则会立即给出风险预警，进一步进行身份确认，如转账、付款等行为。

<hr />

[①] 　主要参与人：马彦军、项娜、吕高帆、刘超、李燕、张彧通。

3. 解决方案

利用京东金融大数据平台，在用户授权和依照《网络安全法》等法律法规做好数据保护措施的前提下，按照比例原则，读取用户必要的个人信息、订单信息、金融信息、操作习惯信息等。

根据用户使用 App 和 PC 软件情况，利用自适应当前统计模型进行量化统计，提取使用的速度，加速度等动态特征，结合用户信息静态特征，对用户多维特征进行 R/S 分析，以判断用户行为是否为该用户的有意识访问，并在此基础上对用户行为序列进行模式挖掘，得到用户行为模式，用户行为模式挖掘原理如图 5 - 24 所示。

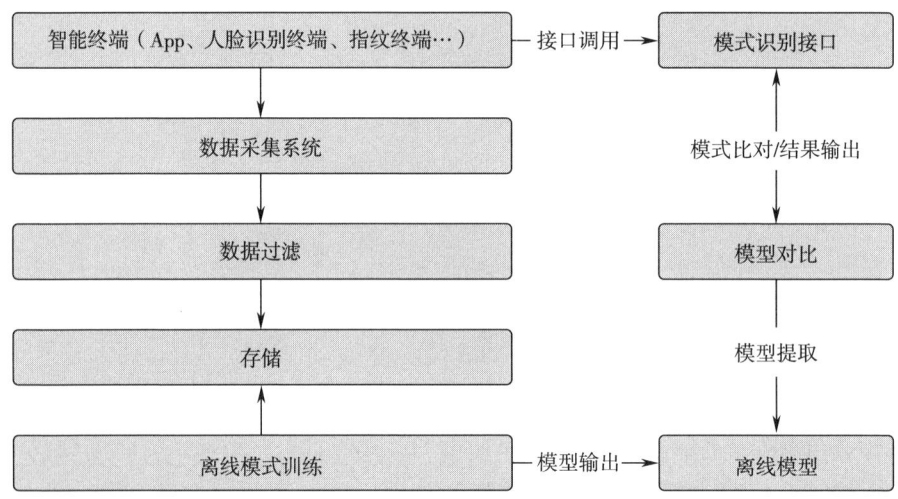

图 5 - 24　用户行为模式挖掘原理图

用户行为特征往往具有持续性，因此系统需要收集到足够的用户行为特征数据才能建立有效的模型。系统不断的进行迭代训练，使得算法更加准确有效。根据不同的用户行为数据，底层采用了不同的算法进行模型计算，如决策树、随机森林、逻辑回归、线性回归、SVM、朴素贝叶斯、时间序列算法等进行特征提取。

在部分场景产品还对用户的体态特征、运动特征、微表情等生物特征进行了提取和训练，采用了深度神经网络进行模型训练和学习以达到生物特征的比对。例如在无人购物超市，一些人的脸部识别不准确的情况下，算法会进一步进行生物行为特征进行进一步的分析，以缩小范围。

最后，产品还会结合京东商城的大数据平台来预测用户的位置信息、个人喜好和所在场所的匹配程度来进行对象确认，以提高风险控制的能力，进一步保障用户的安全。

在算法效果方面，产品在不断的优化算法，完善数据维度，利用不通的技术手段相互补充、取长补短，进一步提高识别的效果。目前的算法还不能非常准确地识别用户，但当系统识别到异常操作时会给予进一步的身份确认，而不是简单的中止操作，在提高用户体验的同时降低风险。

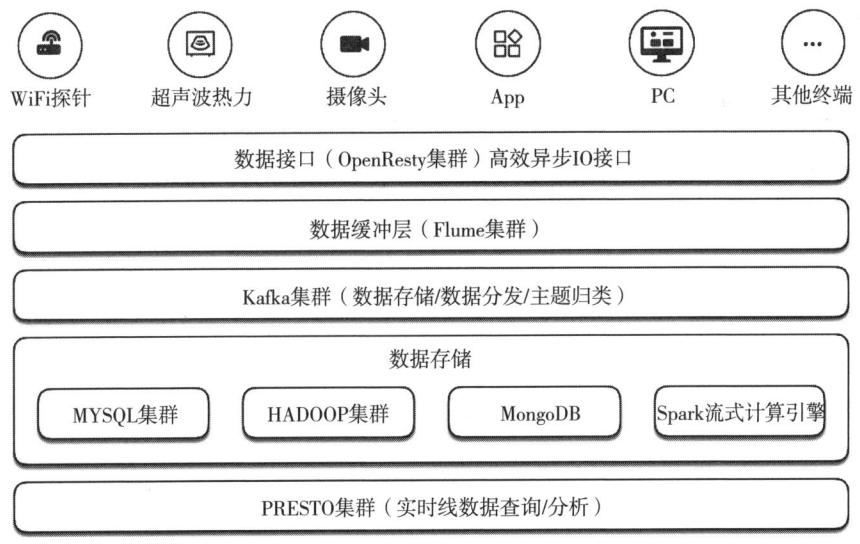

图 5 – 25　系统架构设计

4. 项目实施中克服的困难

本系统在用户数据信息维度较少情况下，存在部分误判情况。将结合该用户在京东其他平台数据，进行维度的扩展。

5. 项目收益

京东金融严格遵守相关规定，在合规前提下利用大数据平台对用户平时信息进一步分析排查，识别认证用户的身份，有效地防止非法用户假冒合法用户身份占用资源、删除或者窜改用户存储的数据。

该算法有较为广泛的使用场景，如人脸识别、支付、App、安全等级较高的商业系统等领域均可使用。针对不同的场景可以进行系统定制，系统的模块化划分较细，可以针对不同的使用场景进行积木式组合，以达到最大的可复用性。

八、风险控制——壹账通微表情面审辅助系统①

1. 项目背景

当前以人工智能等新技术为驱动力的新一轮产业变革，正深刻改变人类生产生活和经济发展模式。世界主要发达国家纷纷布局新科技，抢占新一轮国际竞争制高点。在金融领域，通过 AI 新技术打造贷款风控新模式，已然成为广大金融机构转型创新的重要方向。

2. 成果概述

微表情面审辅助系统，整合人工智能与大数据领域前沿科技，在贷款面审环节引入业界领先的高达 53 种的微表情识别技术，可识别 90% 以上表情变化。通过实时抓取客户的微表情，智能判断并提示欺诈风险。实践中该技术可实现与人工判断 80% 的吻合率，50% 的人工面审替代比例。同时，该产品还整合了基于知识图谱的智能问答引擎，整合了 10 个行业的 1000 个问题库，通过大数据交叉校验挖掘潜在风险。

3. 解决方案

该解决方案在面审系统中引入微表情识别技术、智能问题引擎等技术，提升面审效率和准确度；同时系统实时抓取客户问答时的微表情变化，判断并提示欺诈风险，提升风控水平。系统通过链接借款人客户端与微表情机器人助手，通过六大功能模块的嵌入（远程视频面审、基于知识图谱的智能问答推荐引擎、交叉校验实时提示欺诈风险、微表

---

① 主要参与人：施奕明、赵之砚、张杰、陈烨、徐国强、郭鹏程、王涵浩。

❸智能面审:

✓ 提高面审能力　　✓ 降低面审成本　　✓ 人员集中管理　　✓ 减少操作风险

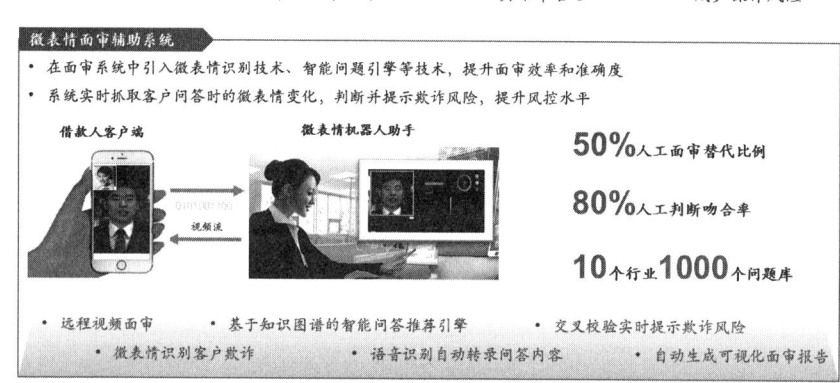

图 5 - 26　微表情面审辅助系统

情识别客户欺诈、语音识别自动转录问答内容、自动生成可视化面审报告),实现50%人工面审替代比例、80%人工判断吻合率及覆盖10个行业1000个问题库。

4. 项目实施中克服的困难

人类的日常面部表情通常只有7种基础表情,和欺诈并无较大关联。在初期建立表情和欺诈的关系模型时,面临无法判断表情与欺诈关系的问题。为了克服这个问题,系统开发用了半年时间收集视频数据并进行数据挖掘,将7种基础表情扩充到54种微表情,为模型的搭建充分夯实基础。

欺诈样本及其微表情数据资源难以获得,产品采取与贷款业务条线跨部门合作的方法,将微表情系统部署在其业务终端,通过收集其终端视频数据及相应标识,获得了建模所需的欺诈样本的微表情数据。

绝大多数人在面审过程中,表情波动不大,仅20%的时间内有表情变化。在初期建模时使用了整个面审过程的视频数据进行建模,但效果并不理想。后期采用了基于关键帧的模型,剔除非有效视频时长,有效提高了模型的准确度。

5. 项目收益

传统面核面审，主要靠业务人员人工审核，水平参差不齐，风险大。而智能微表情面审辅助系统，可以实时智能判断并提示风险；同时，覆盖了10个行业近1000个问题库，可大幅提升面审问题的随机性和质量，让面审更加科学高效，降低风险。微表情面签系统已在与17家银行进行的联合贷款合作中应用，实现面审流程智能化、规范化，预计减少40%以上的人工干预。

九、风险控制——壹账通信贷风险态势感知平台①

1. 项目背景

互联网大数据时代，金融信贷业务也纷纷转战线上市场。对金融机构来说，掌握风险控制、在线资质审查、审批时效等能力，是持久稳定开展智能化、自动化线上信贷业务的核心命脉。面对流量大、变化快、捕捉难的信贷风险困境，信贷风险态势感知平台应用先进算法技术，自动实时甄别并可视化展现信贷风险点，有效帮助合作机构监控、识别、捕捉风险信息。

2. 成果概述

利用用户行为数据构建了行为指纹识别算法，并以行为指纹和用户画像相结合拼接数据碎片；在客户风险量化方面利用隐马尔科夫、GBDT、逻辑回归、XGBOOST 等机器学习算法识别和预测客户资产财富水平、消费能力、公开信用、强金融违约概率及违约迁移概率等关键信息。利用迁移学习、GAN 等技术有效扩充了团伙及个人的欺诈特征。帮助金融机构监控客群风险变动及在各分级金融机构的迁徙，监控不同机构的客户风险及资产质量，监控产品的舆情及产品漏洞攻击来源，监控各地域客群信用及欺诈风险。搭建一个立体的、多维度、多展现方式的金融行业信息平台。

帮助金融机构监控客群风险变动及在各分级金融机构的迁徙，监控不同机构的客户风险及资产质量，监控产品的舆情及产品漏洞攻击

---

① 主要参与人：施奕明、全成、张杰、张君婕。

来源，监控各地域客群信用及欺诈风险。搭建一个立体的、多维度、多展现方式的金融行业信息平台。

渠道方面已拥有信贷业务的所有类型的金融机构，已与 2000 余家机构合作。

3. 解决方案

互联网大数据、时空大数据等非结构化大数据日益成为主干数据的形势下，以独创的数据融合技术为依托，将金融机构碎片化的客户搜索、浏览、点击行为数据进行数据拼接，并整合客户的互联网大数据、时空大数据、行政处罚、法律审判等信息，帮助金融机构监控客群风险变动及在各分级金融机构的迁徙，监控不同机构的客户风险及资产质量，监控产品的舆情及产品漏洞攻击来源，监控各地域客群信用及欺诈风险。搭建一个立体的、多维度、多展现方式的金融行业信息平台。

4. 项目实施中克服的困难

在实际应用中我们发现金融机构的多数金融产品特点展现上存在同质化严重的问题，导致金融产品的个性化推荐无法有效显现差异化竞争特点。为此，我们在金融产品的特征挖掘中成功将金融产品特点和互联网内容文本大数据进行深度融合，有效提高了产品个性化标签的准确率（89%）和召回率（97%）。结合金融产品个性化标签提高了产品舆情监控的精准度（舆情信息报错率30%）。

5. 项目收益

某互联网金融机构在具体业务方面经常出现客户多头借贷、拆东墙补西墙的情况。在资产组合层面出现客群与资产分布配置不合理等情况。在应用信贷风险地图后，不仅有效管控了多头借贷客户的风控策略，同时结合客户迁徙轨迹和概率有效管控了客户额度与定价策略。在产品层面，不仅优化了自身金融产品特性，还结合客群用户画像的共性特征研发了"结婚酒席礼金贷"等金融产品。在组合层面，有效利用客群及资产组合的违约相关性与迁徙概率，实现了整体资本投资收益风险最优化配置和精细化管理目标，其资本回报率提升2.35%。

十、风险控制——平安壹钱包智能风控系统[①]

1. 项目背景

近几年来，第三方移动支付市场发展十分迅速，移动支付的应用场景不断拓展，交易规模快速增长。但是，在为客户提供便捷的支付服务的同时，支付风险也在不断增加，羊毛党规模日益扩大，各类黑客攻击及电信诈骗案件频发，作案手段更加隐蔽和多样化。传统风险控制中仅通过单一维度的风控规则进行风险交易识别已经不能满足新形势下的风险控制要求。如何完善风控系统来胜任多场景、多维度的风险管控要求，增强实时对抗和自学习能力，已成为风险管理领域的主要研究方向。

2. 成果概述

为了保障支付的安全性，壹钱包结合自身积累的海量数据及平安集团内部风险名单库等信息，加入图像识别、指纹识别、人脸识别等技术搭建了以大数据为核心的智能风控系统，突破了传统风险控制中仅通过单一维度进行风险识别的局限，根据海量交易及行为数据，运用深度挖掘、机器学习、用户画像等方法建立精准的风控模型和策略来识别风险特征，实现风险的事先预测和实时处置。同时采用大数据流式计算技术建设系统资损实时监控引擎，从交易的完整性、一致性、幂等性等角度进行实时监控，秒级发现资金异常情况。壹钱包智能风控系统研发投产后，在交易风险管理、商户管理和控制资金损失方面取得显著效

---

① 主要参与人：诸寅嘉、李志辉、王延斌、朱颖、魏翔、胡婷婷。

果，为用户提供全方位保护，创造安全支付体验。

图 5－27　壹钱包智能风控系统

3. 解决方案

在 C 端交易欺诈防控方面，平安壹钱包智能风控系统根据近年来最新欺诈手法和案件特征，采用了多重纬度数据匹配，结合终端设备指纹，手机 SIM 卡，身份证，银行卡及操作环境归属地信息，手机越狱异常等静态信息以及社交网络、人机操作识别、操作/交易行为、频率、金额变化等动态信息，建立起多层次、多维度、多场景的风控模型体系，实现风险交易实时侦测。

在交易前，对用户端运行环境进行风险检测、设备指纹识别及用户各类行为数据采集；通过大数据模型实时分析欺诈风险概率并基于风险级别自动决策，对高风险交易和账户，通过人脸/指纹生物识别技术、手机动态验证码等验证方式直接在线进行身份确认，以避免对正常用户的干扰，提升用户体验和交易成功率；在交易后自动产生高风险交易事件供风险监控人员评估，同时综合关系网络分析实现欺诈团伙甄别。

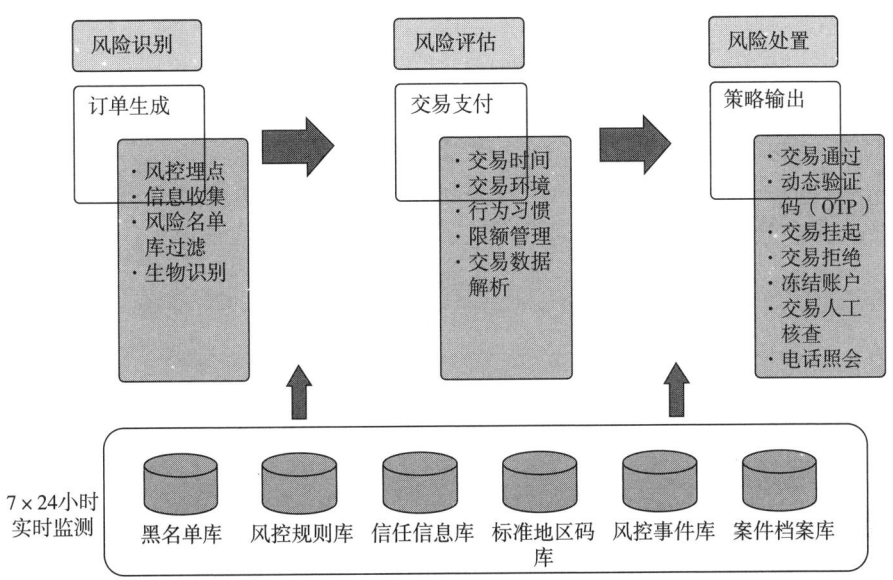

图 5-28　交易前风险控制

目前已部署的模型包括账户评分模型、聚类模型、星网关联性模型、社会网络模型、可信行为模型等，可对用户复杂的行为进行有效区分。这些模型通过模型平台统一管理，实现底层存储、变量加工、模型拟合、模型评估、模型上线、自动迭代等功能。同时应用决策树，随机森林等方法不断训练提升模型精度。从效果上看，大数据模型对 IP、设备等容易被篡改的信息的依赖性更低，识别精度更高，更新迭代更加智能。

同时模型计算结果实时展示在可视化的风控数据实时监控仪表盘中，通过风险热力图、模型规则运作效率及各业务交易量异动分析等多个维度实时预警风险，通过参数设定可对异常大类业务进行先行熔断，为风险管理决策提供全面的数据支持。

在商城入驻商户管理方面，壹钱包智能风控系统采用了大数据搜索引擎，构建商品风险数据库，采用关键字及图片识别技术，对商城所有商家商品进行自动的机器搜索，对匹配到的问题商品进行分析及下

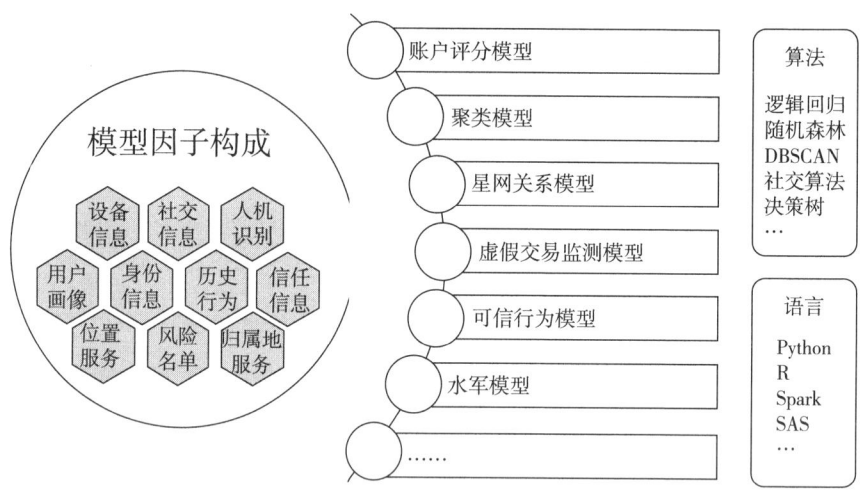

图 5 - 29 模型设计

架，在实现商户风控的同时解决了时效问题。应用大数据风控搜索引擎后，商城审核效率提升 1500%，单个商品排查时间由 5min/个缩短至 20s/个，全站商品排查覆盖率可达到 100%，违禁词的抓取准确率接近 100%。

在系统资损防控方面，壹钱包智能风控系统结合了大数据、流计算等技术，采用 DUBBO + CAT + Hadoop + Spark streaming + KAFKA + PostgreSQL 的技术框架，创新打造系统资损实时监控引擎，收集线上交易链路中各系统处理结果，根据预先配置的规则进行实时稽核，从交易的完整性、一致性、幂等性等角度，监控线上交易并对异常自动干预，确保整个交易链路数据处理的准确性。方案的架构图如 5 - 30 所示。

本方案具备如下几个特点：

低侵入：各交易系统承载了壹钱包的各类核心业务，不能因为监控而导致核心功能受到影响，这是本方案最基本的需求。所以壹钱包采用了 DUBBO + CAT 的数据采集方案，利用 CAT 采集不同系统间 DUBBO 接口调用留下的日志，采集过程不侵入交易流程；事前无须开发人员进行开发，规避系统变更带来的风险。

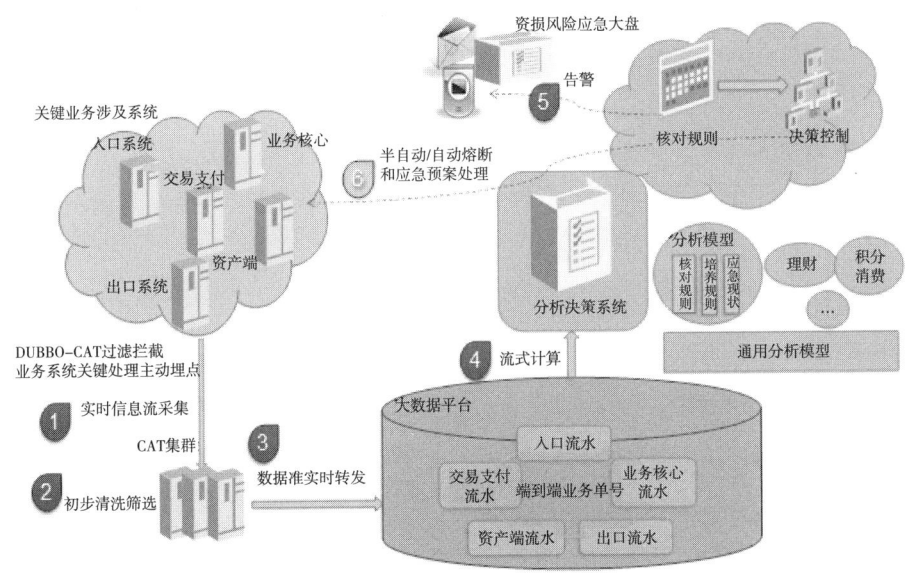

图 5 – 30　业务流程

高并发：随着壹钱包业务的发展，交易量大幅提升；同时，各类大促、秒杀活动也会造成交易峰值。这都给本系统带来了性能挑战。为此，我们采用 KAFKA 作为消息队列，实现大规模的数据吞吐。

接入成本低：本系统的重点在于收集到数据后，跟已配置的规则结合进行校验。数据的收集可以借助大数据能力统一处理，但是不同的业务，其需要核对的内容、核对方式不尽相同，如果任由每个业务自行编写规则逻辑，则会大大增加开发部门的工作量，也不便于维护管理。所以需要设计一套统一的规则系统，可能兼容、适配各个不同的业务，以配置的方式开放给各部门。

4. 项目实施中克服的困难

风控面临的业务复杂多变，如何快速整合加工内外部信息并实时应用于风险侦测是大数据风险控制面临的首要挑战。同时公司内部信息系统众多，如何第一时间收集各信息系统数据并进行实时稽核，也是信息系统整体风控需要解决的问题。对此壹钱包解决方案如下：

（1）内部数据高效处理

实时数据采集：壹钱包业务复杂，业务数据存储在不同的业务系统中，在交易实时监控方面，壹钱包采取了 WebService、HTTP + JSON、MQ、OGG 数据库日志同步等技术实现上游系统数据实时收集。在公司信息系统整体监控方面，壹钱包采取了 DUBBO + CAT 进行线上系统间接口调用的数据收集，保证了数据采集的时效性。

实时数据处理：采用 Kafka/jStorm/Spark Streaming 技术搭建实时数据处理分析组件，实现用户行为特征、事件时序依赖、设备指纹关联分析及风控因子实时计算。采用图数据库和图计算技术实现风险客户实时关联查询及风险团伙实时侦测。通过 ElasticSearch/Solr 技术实现高效全文检索，从而实现高效数据加工服务。对于信息系统整体监控，为解决交易高峰数据量激增的情况对规则引擎带来的性能压力，通过 KAFKA 作为消息队列，实现数据生产与消费者解耦，即使突然出现数据激增，超出规则引擎的处理能力，数据也会缓存在 KAFKA 中，不会丢失，也不会影响正常的规则核对。

高性能数据存储：根据数据使用频率和时效性要求，分别对热点数据和非热点数据采用不同的存储技术。对于热点数据，例如，流量累计数据、黑白灰名单/RISKCODE/风险标签/模型评分等采用 Redis、Hippo（自研）及 murmurhash 算法高速缓存组件实现缓存化存储；对于非热点数据采用 HBase/Hive/Hadoop/PostgreSQL 技术进行持久化，实现海量数据的高效率存储及分布式计算能力。

灵活的规则/模型引擎：基于 groovy 脚本语言规则引擎、基于 PMML 脚本语言模型引擎，可实现规则及模型的灵活调整。在实时交易监控过程可动态解析所依赖规则/模型因子，并行进行模型/规则实时计算，综合产出风控决策。

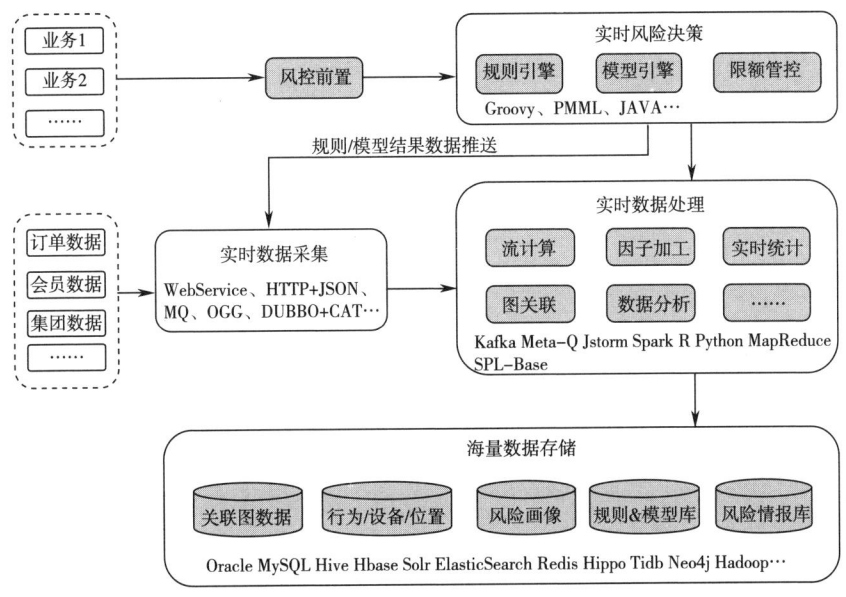

图 5 - 31 数据处理流程

（2）外部数据整合

目前市场上各家电商、支付公司分别掌握着各自的风险数据，缺乏行业间信息互通，无法及时识别风险。平安集团内部已开始汇总各家子公司的风险数据，形成集团内共享的风险信息平台，实现集团内信息互联互通、风险联防联控。

5. 项目收益

壹钱包智能风控系统上线以来，应用在互联网商城消费、转账、理财、保险、营销活动等各类业务场景以及公司内包括账务、网关、交易核心等 20 多个重点业务系统的资金异常监控，服务超 1.25 亿用户、每月对超亿笔交易进行实时判断。

根据 2017 年的实际效果来看，壹钱包智能风控系统帮助实现欺诈资金损失率控制在百万分之级别，各类营销活动的水军识别覆盖率超过90%。在达成风险控制的同时，极大程度地降低了对正常用户的干扰，干扰率仅在十万分之级别。系统资金异常监控时效从日提高到秒，极大地提升了发现异常的时效性，帮助公司众多重点项目监测交易异常，为客户资金安全，公司业务发展保驾护航。

十一、风险控制——银联商务大数据普惠金融[①]

1. 项目背景

国务院印发的《推进普惠金融发展规划（2016—2020年）》明确定义了普惠金融的含义，即指立足机会平等要求和商业可持续原则，以可负担的成本为有金融服务需求的社会各阶层和群体提供适当、有效的金融服务。小微企业、农民、城镇低收入人群、贫困人群和残疾人、老年人等特殊群体是当前我国普惠金融重点服务对象。对于大部分中小微企业来说，其在人民银行征信中心没有征信记录，使得金融机构缺乏真实、可靠的数据对其进行评估并授信放款。为了能够帮助这部分中小微企业享受到普惠金融服务，需要依托外部数据源建立模型进行授信评估，同时通过系统对接的方式实现在线评估和放款，帮助金融机构降低成本和控制风险，最终达到企业、金融机构双赢的局面。

2. 成果概述

银联商务推出银杏大数据服务平台。依托自有数据包括银联商务自有业务合法采集和积累的700多万商户，8年累计的百亿级消费数据，各类融资理财数据等。外部数据包括工商、法院、失信被执行、税务、互联网媒体等合法公开或用户主动授权的信息，为中小微企业提供无抵押无担保的普惠金融服务。企业信息来源于银联商务自有数据和外部采集数据。

---

① 主要参与人：张靖文、于震、钱佳、徐伟男、庄壮亮。

3. 解决方案

银联商务搭建的银杏大数据服务平台可以通过大数据建模，并通过评分和报告等产品满足银行、保理、消费金融、小额贷款公司不同金融产品所需的大数据支持服务。

银杏分：通过大数据建模直接反映企业综合状况的评分，分数范围由 300 至 1000，涵盖五档等级。评分可作为金融机构产品贷前授信、贷中评估和贷后监控的重要参照依据。银杏大数据服务平台针对不同的应用场景，定制专属银杏分，满足各行业客户的需求。银杏分评分维度根据不同利率、贷款周期的融资产品、不同行业/地区/规模的目标企业，对企业的资产状况、信贷历史、司法涉诉、法人信息等多个评分维度以机器学习等大数据建模手段进行不同权重的组合，形成适合实际业务场景的评分模型。合作机构可通过数据接口直接查询银杏分，并将其作为评审的直接依据或者作为一个维度纳入自有的评分体系。

银杏数据报告：将企业的综合情况以多维度指标的形式通过报告进行展示。针对缺少专业建模团队和技术对接能力的合作机构，银杏数据报告可以通过网站查询的模式直接输出给业务人员，作为业务人员在实际业务流程中进行审核的重要参考依据。

数据架构：在公司统一规划的架构框架下，结合实际业务需求，同时充分考虑到数据隐私安全的保障，搭建了专门面向普惠金融业务的大数据服务平台。

业务架构：服务平台包括了数据采集、整合、治理、建模和对外输出几大主要功能。具体来说，实现内外部数据采集和整合，通过合适的清洗手段保障数据的真实、准确和可用；实现基于各类大数据算法的数据建模，并结合实际业务场景进一步升级为信用建模；实现标准化的产品输出服务，包括页面端查询服务和接口输出服务。

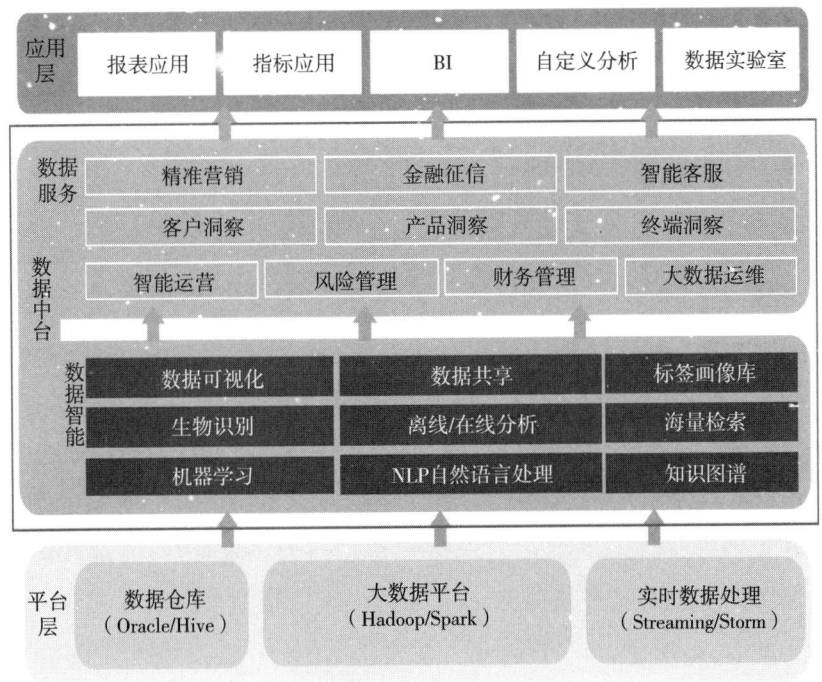

图 5 - 32 系统架构

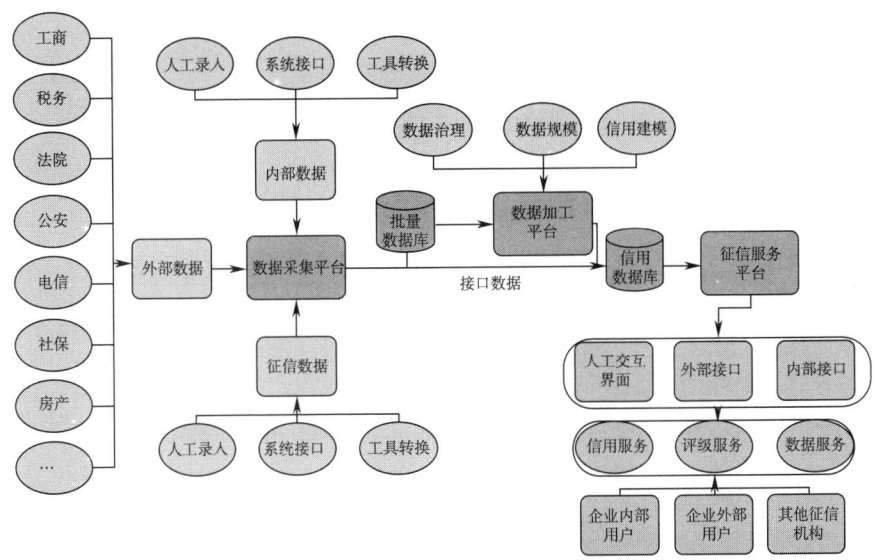

图 5 - 33 业务流程

4. 项目实施中克服的困难

数据产品提供的过程中，如果保障信息主体的合法权益，确保信息使用依法合规，是产品设计过程中最重要的一点。银联商务银杏系列大数据产品均预先加载身份核验和电子协议流程，确保所有信息查询和使用均为信息主体知情、主动并授权发起。

5. 项目收益

银杏系列产品已面向银联商务体系内互联网金融平台、商业保理公司，以及银行、消费金融、小额贷款公司等上百家机构输出服务，累计服务中小企业几十万家，个人消费者上百万人。2017年累计提供服务上亿次，实现直接经济收入上千万元，间接帮助金融机构实现无抵押纯在线融资业务发生额千亿元，实现互联网金融业务收入同比增长约80%。

激发金融机构产品创新能力，拓宽普惠金融覆盖面。基于大数据的无抵押担保，大幅延展了金融产品研发的想象空间，并且让原先享受不到或者享受不起的中小微企业能够切实地享受大数据普惠金融服务。银联商务基于银杏大数据服务平台与外部机构合作研发的金融产品包括平安银行中小企业数据贷、亚联财/浦发/光大/江苏银行/平安普惠POS贷、T+0信用垫资等企业融资产品和全民花、全民鑫等个人消费贷产品。累计服务中小企业几十万家，个人消费者上百万人。

十二、风险控制——天翼电子商务甜橙欺诈盾^①

1. 项目背景

近年随着移动互联网的普及，基于互联网技术的新型诈骗、犯罪现象屡见不鲜。在互联网金融的业务场景下，客户不再面对面和业务人员交流，而是通过网络与服务器交换数据就可以自动化地完成绝大部分的业务。这些业务不再需要服务提供商与客户面对面打交道，而互联网通讯协议本身又是匿名的。这就给欺诈者带来了伪装身份的便利。欺诈者通过简单的技术手段就可以完成年龄、性别、身份等伪装，通过网络实施各种欺诈活动。目前从事网络欺诈的不法分子，已经形成庞大的黑色产业链，相关从业人员逾 160 万，网络诈骗"黑色产业"市场规模高达千亿元，网络反欺诈形势非常严峻。

2. 成果概述

天翼电子商务有限公司依托中国电信集团及翼支付大数据能力和科技创新优势，结合多年来在通信、支付、消费金融等领域积累的反欺诈经验，倾力打造"中国电信甜橙欺诈盾"产品，旨在识别消费金融、P2P、支付交易等场景下潜在的欺诈风险。例如，对于电商行业，其基本流程一般是注册（修改密码）－登录－活动－下单－绑卡－支付。在注册登录阶段，存在着很大的账户风险，包含恶意注册攻击，欺诈用户注册，盗号撞库等形式。针对这一账户风险，甜橙欺诈盾的欺诈风险检测模块可以在用户授权的情况下根据其设备号、运营商通讯数据等

---

① 主要参与人：张宇翔、侯金鑫、张光胜、赵军厂、宋灵杰、廖文明。

将这些欺诈者筛选出来，有效防范了这一风险，且此模块的相关核验功能也让欺诈者无处遁形。与此同时，很多羊毛党会在商家进行优惠活动的时候进行大规模有组织的薅羊毛，然而甜橙欺诈盾产品下营销评估风险模块包括具有千万级数据的羊毛库及羊毛模型，能够有效识别出这些营销套利用户。在绑卡支付环节，目前存在着很多异地盗刷的现象，欺诈盾通过位置核验以及城市位置核验的功能有效预防了这一现象。对于金融行业，通常是申请贷款 – 准入审批 – 授信 – 放款 – 收款的基本流程。甜橙欺诈盾的欺诈风险检测模块可以有效帮助企业预防用户多头借贷，黑中介等风险，并且给出企业欺诈风险预警。甜橙欺诈盾的综合风险评估模块会根据运营商数据及其他数据给出账户风险评估分数、营销风险评估分数及环境风险评估分数，很大程度覆盖了行业流程，解决了行业痛点。

甜橙欺诈盾作为电信集团的核心大数据风控产品，目前已被广泛应用于翼支付消费金融、风控等部门相关业务场景，效果卓著，有效解决了虚假注册、薅羊毛、营销套利等目前市场亟须解决的问题。随着互联网的发展，甜橙欺诈盾这样的产品会越来越重要，其功能也会随着技术的发展越来越完善，届时有更加广阔的市场并应用到更多的场景，将全流程覆盖行业痛点，为翼支付与电信集团保驾护航。

账户风险评估	营销风险评估	环境风险评估
综合评估用户的账户风险，如账户被盗风险、银行卡被盗风险、手机号码状态异常风险。 应用场景举例：银行卡盗卡识别	综合评估用户的营销套利风险，如恶意注册风险，历史套利风险、羊毛党风险。 应用场景举例：羊毛识别	综合评估用户交易中的环境风险，如设备环境异常风险、实时/历史地理位置异常风险。 应用场景举例：工作地址核验

图 5 – 34　产品功能

3. 解决方案

甜橙欺诈盾依靠精准庞大的基础数据平台，通过具有极大数据处理能力的高性能计算平台为企业提供高质量的反欺诈服务，其产品架构如图 5 - 35 所示。

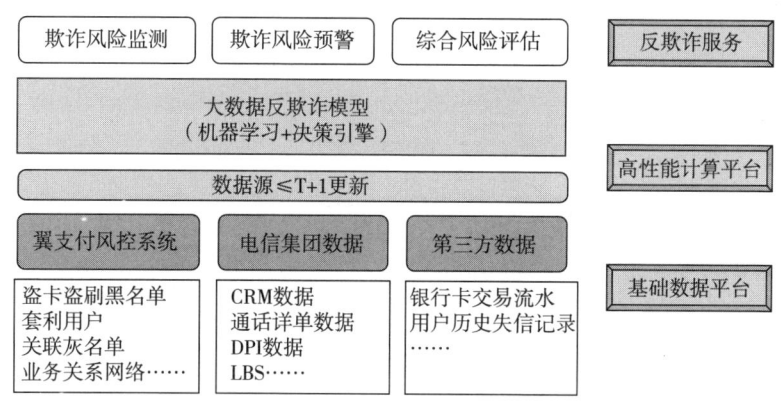

图 5 - 35　系统架构

甜橙欺诈盾的基础数据平台的底层数据能力由翼支付风控系统、电信集团数据以及第三方数据组成。其中，翼支付风控平台包括十万量级的盗卡盗刷黑名单、千万量级的营销套利黑名单，以及通过关系网络关联出与黑名单用户联系密切的千万量级灰名单；电信集团数据主要包括 3 亿电信手机用户的 CRM 数据、通话详单数据、DPI 数据、基于基站定位的位置数据等；第三方数据包括天翼电子商务有限公司从外部合作方接入的银行卡交易流水数据，金融、司法、支付等多类失信黑名单数据等。

电信集团高性能计算平台依靠其强大的数据处理能力支撑 3 亿用户百亿级行为数据的分析与计算。通过使用该平台上的数据分析工具 Python、R 及大数据计算框架 spark 等，使用决策树、gbdt、逻辑回归等机器学习算法构建了多个集成的大数据反欺诈模型。

在充分取得用户授权的前提下，基于上述的大数据反欺诈模型，以API 接口的形式为客户提供欺诈风险检测、欺诈风险预警以及综合风险评估三大核心反欺诈服务。其中，欺诈风险检测通过核验用户输入的各类信息的真实性发掘用户是否存在欺诈倾向；欺诈风险预警实时反馈用户的各类信息是否发生异常变动，如手机账户余额是否临近欠费等；综合风险评估包含账户风险评估、营销风险评估、环境风险评估三大评估接口，均以 0 - 100 分的形式输出用户综合风险值。

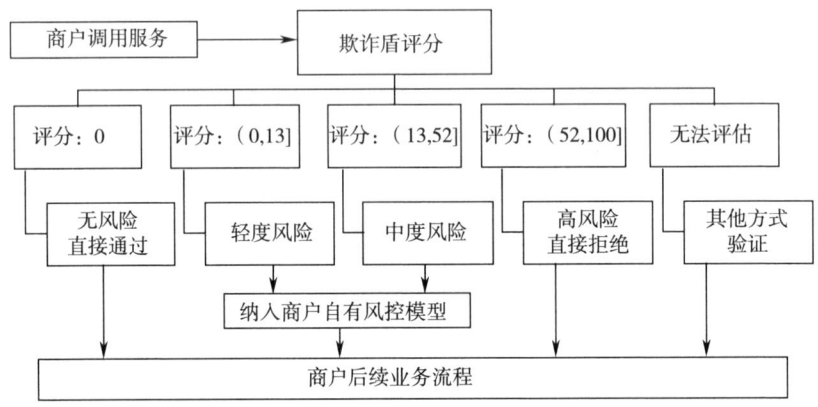

图 5 - 36　风控流程

具体的业务流程如图 5 - 37 所示。用户向企业发出操作请求，这种请求有可能是注册信息、绑卡、支付等操作。企业收到这种请求后会通过 API 接口调用甜橙欺诈盾产品，平台收到企业的请求后会通过精准的模型或后方庞大的数据源调用其数据从而为企业提供欺诈风险检测、欺诈风险预警以及综合风险评估三大核心反欺诈服务。

甜橙欺诈盾使用决策树、逻辑回归、神经网络等先进的机器学习算法，开发了羊毛党识别、用户交际网络等核心模型。同时对欺诈盾的各个模块接口进行了技术与业务测试，具体的测试值详见表 5 - 2。

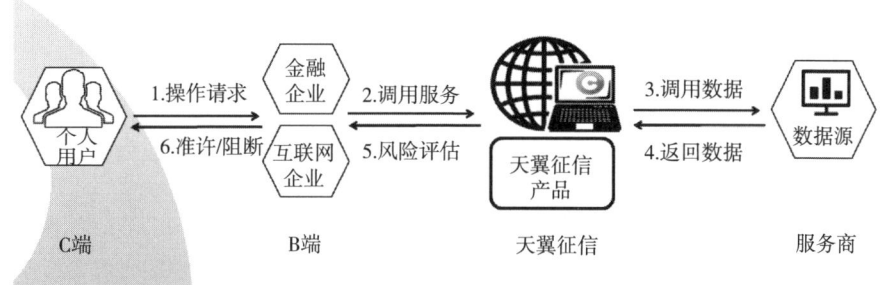

图 5 – 37　申请流程

表 5 – 2　　　　　　　　　甜橙欺诈盾相关指标

评估模块	技术指标		业务指标			
	平均响应时间	并发量	数据覆盖率（%）	风险识别准确率（%）	召回率（%）	误杀率（%）
账户风险评估模块	700ms	70	90	84	74	16
营销风险评估模块	300ms	60	90	93	70	7
环境风险评估模块	900ms	70	90	91	55	9

甜橙欺诈盾产品具备如下几个特点：

技术引领：采用先进的机器学习/深度学习算法等，精准识别风险用户，为各商家的风控系统提供决策依据；对外服务过程中全程进行权限加密，数据安全对标商业银行，保障用户、商户个人隐私；API 接口能力业内领先，达到毫秒级响应，同时支撑用户高并发查询。

数据丰富：甜橙欺诈盾结合了翼支付各业务场景数据，包含实名数据、用户点击数据、交易订单数据、支付数据等；亿级用户运营商数据（套餐、DPI、APP、LBS 信息等）、同时实现了数据的 T + 1 更新，提高了数据有效性；同时接入了海量的外部数据源。

功能灵活：实现三大风险模块和六大单品预警功能点的灵活组合，可组合封装服务，可单模块对外提供对外输出，实现用户自助选择；提供样式多样，可提供核验能力，同时也可输出评分结果，方便不同技术能力商户的对接。

4. 项目实施中克服的困难

大数据分析技术的兴起为金融科技创新提供了强大的推动力，如何将大数据技术与风控相结合需要从数据源、模型、计算平台等多个方面进行攻关。欺诈盾就海量数据源、机器学习模型、分布式计算平台等方面进行了创新。

内外部海量数据源整合：目前各类的互联网公司、运营商、金融、银行、第三方支付等公司都掌握了海量的用户数据，但普遍存在数据信息孤岛问题，欺诈盾通过订立统一的数据接入标准以及利益共享的方式进行数据合作，在部分的数据维度上实现了电信、联通、移动全国用户的数据覆盖，极大地提升了商户调用满意率。同时，也将天翼电子商务公司内的支付数据进行了整合加工，构建了风控用户360°画像体系，实现了全视角的用户分析。

模型能力拓展：基于大量的黑名单种子用户与实际的风控生成系统反馈进行风险用户标注，为数据模型的构建提供了可行性支撑，利用海量的运营商数据建立了羊毛党识别模型与社交圈网络模型等。羊毛党识别模型通过分析运营商侧用户基本信息、通信、消费、手机终端等共计数百个字段，经过一系列特征工程及 IV 值计算，筛选出特征显著的若干字段进入模型，通过逻辑回归算法进行模型训练，以达到识别羊毛套利用户的目的；模型效果评估：$AUC = 0.86$，$KS = 0.64$，模型效果显著，处于行业领先水平。

ROC 曲线：（AUC 为 ROC 曲线与坐标轴围成的面积）

KS 曲线：

用户交际网络用于识别用户与联系人之间是否有联系，一定规则下是否有联系、联系人亲密度等功能；甜橙欺诈盾所有功能模块均以 API 接口的形式对外提供服务，具体接口性能指标如下：API 接口性能：平均响应时长 <1s，秒并发量：100 ~ 500 次/s。

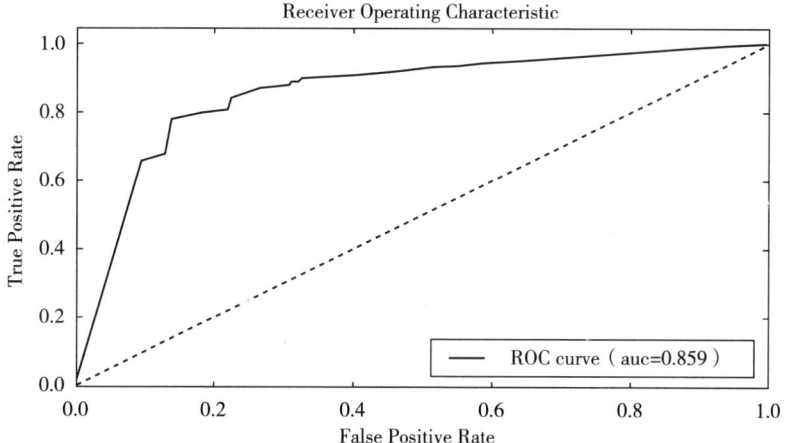

图 5 - 38　模型效果评估指标

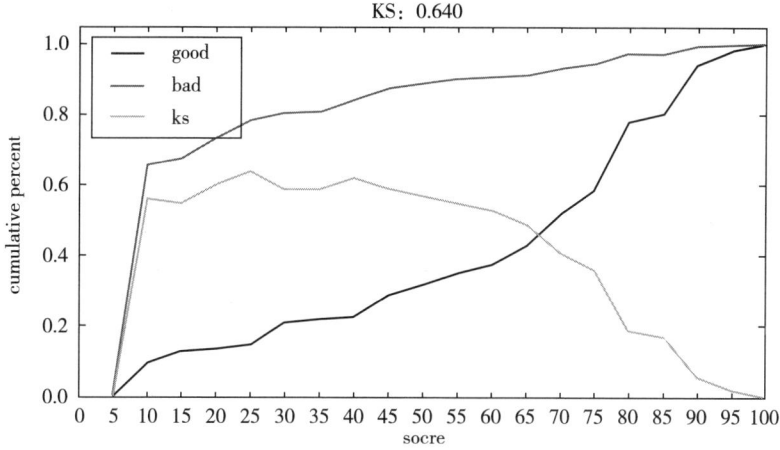

图 5 - 39　风险区分能力指标

　　海量数据计算平台：构建了批量处理与实时处理融合计算平台，实时监控用户的欺诈行为，同时在批量处理模块中实现非实时数据处理。

5. 项目收益

　　从欺诈盾产品推出开始，目前已经在内部风控系统与外部商户调用方面进行了大量的验证，已经为企业带来实际的经济价值，降低了企

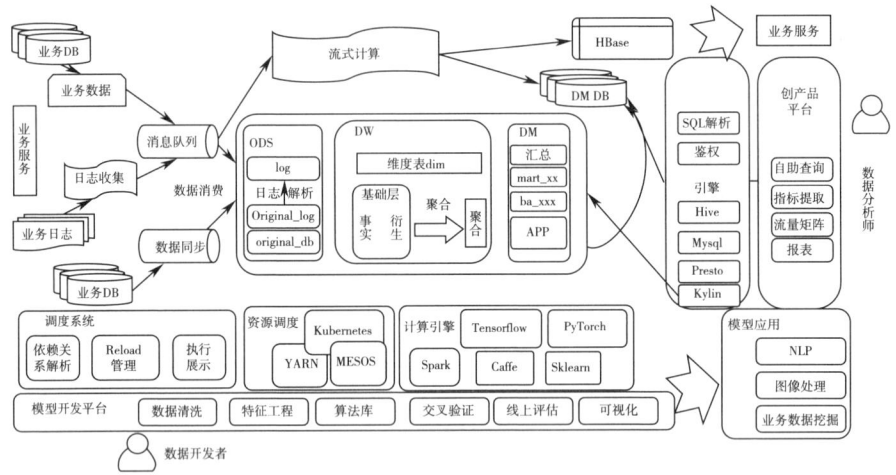

图 5-40 系统架构

业资损率；外部商户的调用也为其业务开展带来了明显的提升。以下为两个相关案例：

某 top3 互联网公司，历史营销黑名单中的用户存在二次放号可能，影响用户体验。通过使用甜橙欺诈盾账户风险评估模块中的二次放号风险预警功能点。实现二次放号识别率达到 2% 左右，将这一部分历史黑名单用户成功洗白。

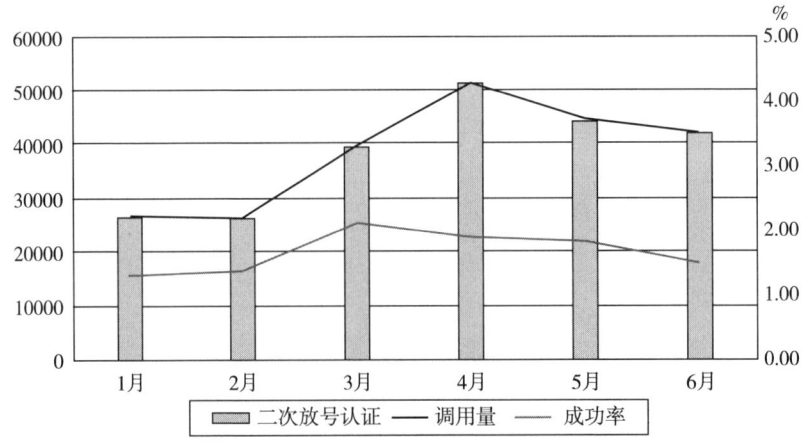

图 5-41　2017 年上半年二次放号调用情况

甜橙金融面临羊毛党套利刷单风险，需要在营销活动中有效识别羊毛党，阻止薅羊毛行为，降低营销资金损失。通过使用甜橙欺诈盾营销风险评估能力，对注册用户进行营销风险评估。经测试，甜橙欺诈盾对营销套利用户评估的准确率达到93.48%，召回率达到72.24%。经评估帮公司有效降低约2000万元的风险损失。

业务指标		
	实际风险用户（1250 人）	实际无风险用户（1125 人）
评估为风险用户	903 人	63 人
评估为无风险用户	347 人	1062 人
测试结果		
	准确率（%）	召回率（%）
甜橙欺诈盾	93.48	72.24

图 5 - 42　产品指标

十三、风险控制——享宇金服移动手机贷[①]

1. 项目背景

数据是用技术手段衡量风险的基础。电信运营商具有本地化渠道覆盖、用户规模、终端入口、落地运营等多方面的差异化优势，金融科技公司的核心能力在于对银行业务的深刻理解、对数据的标准化应用、对风控模型的精密设计和模块化输出。双方联手，可以打出进军互联网金融的"通信大数据＋金融"的组合拳，为客户提供免费、高性价比、便捷的金融增值服务。

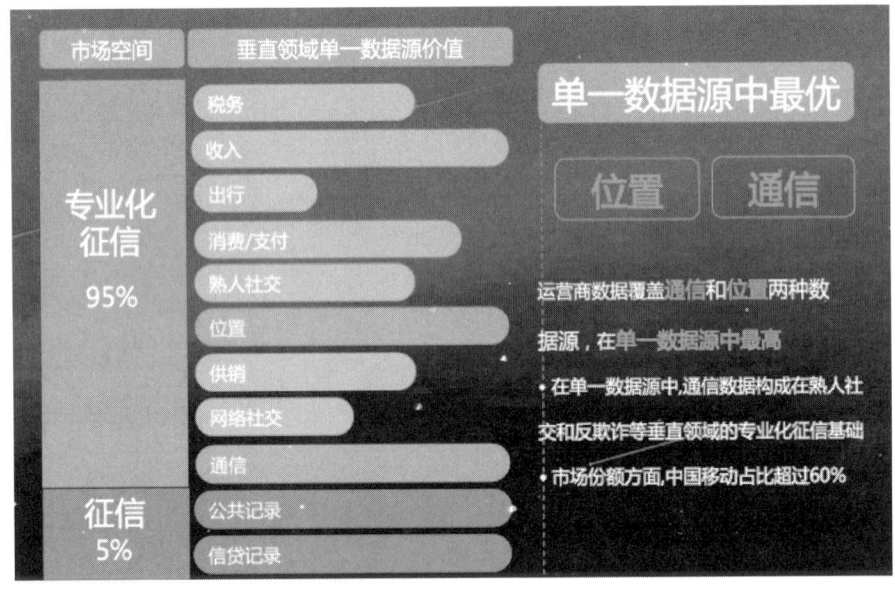

图 5－43　运营商数据在金融领域的价值度

---

① 主要参与人：蒋妍君、顾皓、霍兴雅、王靖宇、梁锦、孙光。

　　四川移动作为运营商，具有本地化渠道覆盖、用户规模、终端入口、落地运营等多方面的差异化优势，金融科技公司享宇金服的核心能力在于对银行业务的深刻理解、对数据的标准化应用、对风控模型的精密设计和模块化输出。2014 年，双方联手，打出进军互联网金融的"通信大数据＋金融"的组合拳，于 2015 年正式推出了国内首个通信行业大数据在金融领域的创新商业化应用——移动手机贷。

　　2. 成果概述

　　移动手机贷深耕消费金融。针对银行、持牌消费金融机构等金融机构的风控难题和线上获取客户难题，移动手机贷依托运营商数据，以及享宇金服自有知识产权的"蜂巢"大数据风控模型，一旦获得客户授权，便能运用大数据数据分析能力，合规合法使用运营商脱敏数据，自动对用户进行身份识别，3～10 秒即可为客户完成"画像评分"，输出客户标识、用户主手机号、消费情况、流量使用情况、来电稳定性、去电稳定性、蜂巢模型反欺诈等 8 大类共计 85 个细项内容，从不同维度对用户画像进行详尽描述，并可以进行统一内容的多维度交叉核验，解决金融机构长期对反欺诈客户的痛点问题。

　　3. 解决方案

　　"移动手机贷"利用大数据风控、云计算等能力，首创性地将数据模型和通信社交数据进行深度交叉与价值挖掘，翻开互联网金融时代"通信大数据＋金融"崭新的一页，并探索建立了一套较为完整的数据合规流通标准，为我国大数据产业的快速、健康发展，做出了突出贡献。

　　其开发逻辑是：在脱敏的情况下，以四川移动提供可靠数据源，以基于大数据的反欺诈模型及贷中预警为核心，通过 API 接口方式调取电信运营商脱敏数据，将整个社交网络和个人信息数据的交叉验证，建立出一个征信模型，围绕"金融＋通信＋数据"，提供智慧信贷、批量授信、用户行为分析服务、秒级监控服务以及网络安全服务等，推动金融机构构建新型业务模式、产品与流程，同时助力场景公司及数据源公司开辟"金融＋"的数据变现途径，实现数据价值最大化。

基于此逻辑，享宇金服利用移动大数据分析构建了"蜂巢"模型，提供用户画像精准描述服务，通过回归分析，层次聚类等相关加工逻辑，使用机器学习、深度学习等方法，实现用户移动通讯行为在金融领域的映射和信息对称，并不断进行优化修正，不断提高模型的稳定性和准确性。

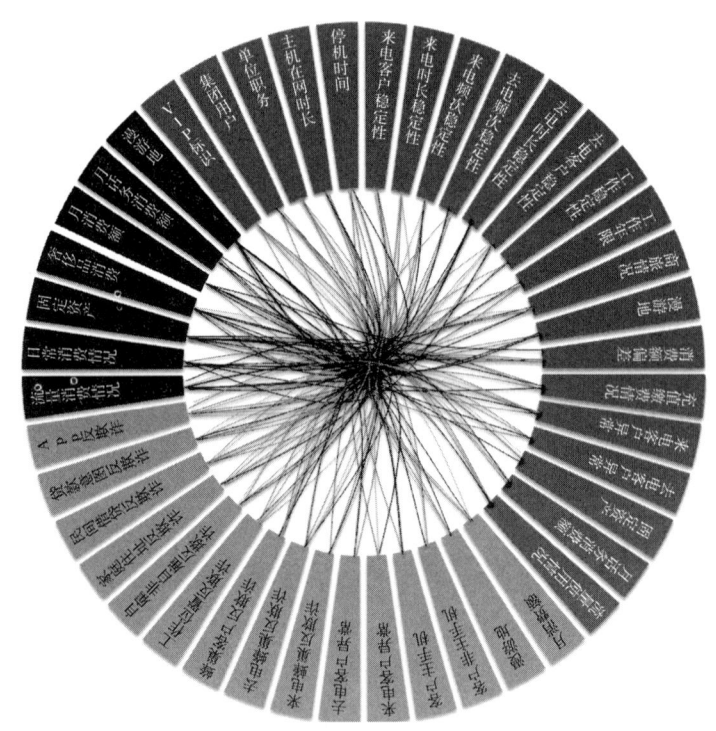

图 5－44　"蜂巢"数据模型

"蜂巢"模型包含用户基本信息反欺诈、用户工作稳定性、用户生活稳定性、用户行为偏好等四个维度模块，目前可以输出客户标识、用户主手机号、消费情况、流量使用情况、来电稳定性、去电稳定性、蜂巢模型反欺诈等8大类共计85个细项内容。从不同维度对用户画像进行详尽描述，并可以进行统一内容的多维度交叉核验。

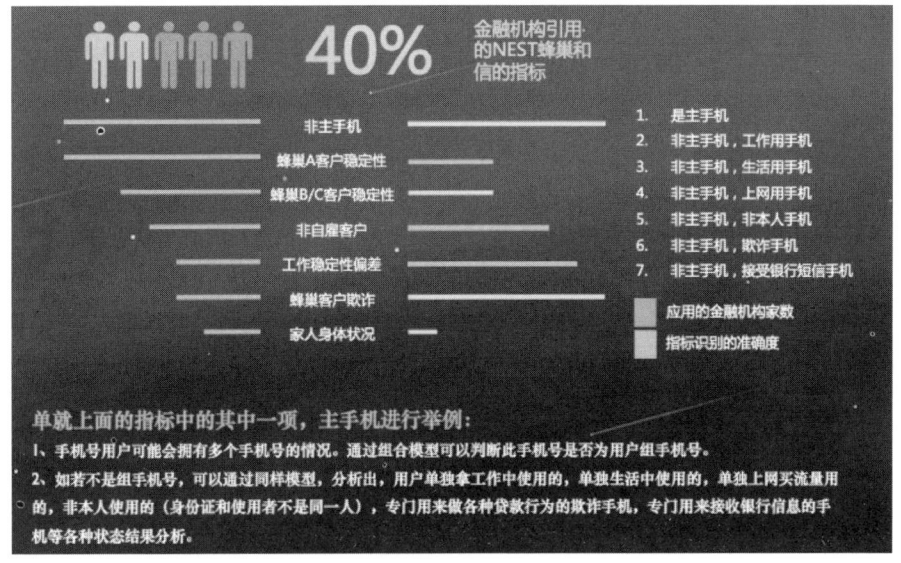

图5－45　"蜂巢"数据模型相关指标

最终，移动手机贷应用实现了对通信社交大数据进行深度挖掘，缩短了通信社交用户行为数据传导路径，将模糊的因素变成具体的数据，从而找到数据中隐藏的金矿，实现数据变现，堪称通信业与金融业共同的里程碑事件，自此也开启通信与行业大数据发展的新篇章。

4. 项目实施中克服的困难

在大数据行业，如何合规、合法、标准化流通和使用数据，一直是行业稳健发展的关键问题。

享宇金服与四川移动自2014年联手研发移动手机贷应用以来，便致力于用诚信构筑数据合规流通新业态。自研发到正式上线，经过1年多的校验推敲，移动手机贷在未有任何先例借鉴的环境下，从个人用户主动授权、移动本身的数据管理规范、传输的加密和脱敏以及安全保障

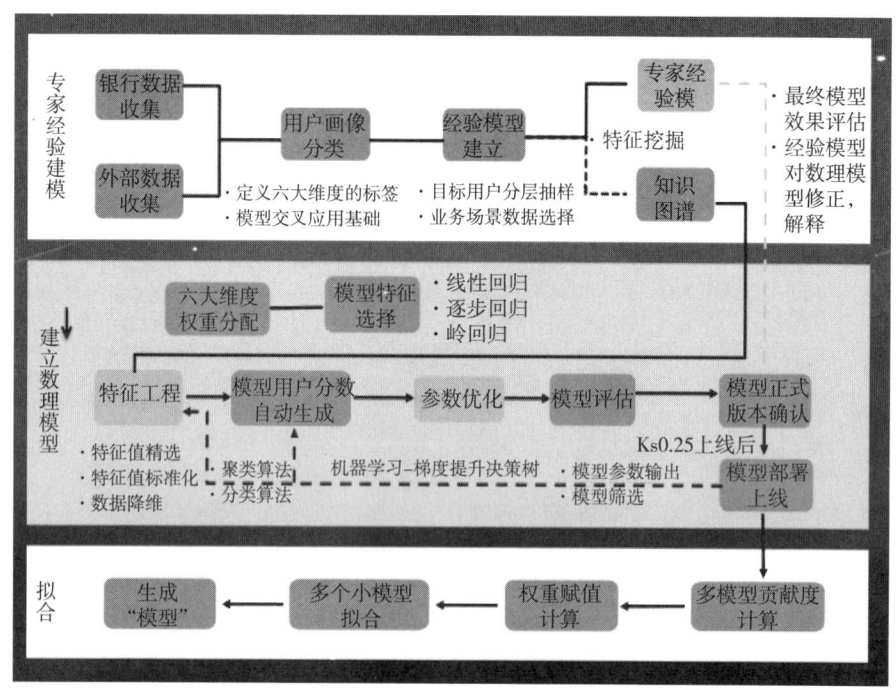

图 5 – 46 "蜂巢"数据模型能力建立流程

措施等各个环节设定关卡,探索建立出一套"让各方都放心的"数据应用标准。

依据《电信大数据在征信中的应用研究报告》和《数据服务审查表》,在2016年7月13日至2016年9月30日,中国信息通信研究院对享宇金服同四川移动合作的移动手机贷应用产品及相关数据安全文档和流程进行了测试,验证该产品在使用过程中的数据安全相关内容,包括测试依据、测试配置、数据安全文档及流程审查、数据安全测试工具测试记录、测试结论等。

中国信息通信研究院通过文档审查、实地审查和测试工具审查的方式,对产品及运营企业的安全管理、数据保护和用户授权内容进行了审查,总测试项目包括3大项、29小项、50项指标,涵盖企业安全管理机制、数据使用规范、身份识别、信息验证、数据转移方式、授权方式及流程、接口、审计等方面，满分 30 分。在评审中，中国信息通信研究院、运营商、银行和律师事务所的专家们，都对移动手机贷运用的管控策略及技术给予了高度肯定。最后，经过专家评审、企业答辩和评分统计，享宇金服在各测试项中高分通过，最终得分 26.375 分，通过测试，并于 2017 年 3 月获颁证书。

5. 项目收益

从银行、消费金融公司等客户反馈情况看，移动手机贷引用达到预期，实现了"四个有利于"：一是有利于金融机构提升全员能力，实现全员联动，形成业务"大跃进"局面；二是有利于推动金融机构 O2O 全渠道整合拓展和数据化驱动型业务创新；三是有利于金融机构行为客户提供全方位信息服务，第一时间了解客户问题和需求；四是有利于金融机构利用互联网开放思维，引入专业化合作模式，实现 C2B 的客户全方位定制服务，最终实现区域中小银行发挥地缘优势，以客户为中心，专注、深入客户，打造符合客户需求的互联网金融产品。

截至 2017 年 6 月末，"移动白条"总申请人数达到 500 万人次，日均注册 15000 人，日均申请 13000 人；用信额人均 1.02 万；审批通过率为 13.8%；不良率仅为 0.89%；从申请到放款，平均用时 1 分钟。目前，移动手机贷每月新增放款近亿元，每天新增注册用户超过 15000 人，注册申请率为 85%，注册转化率达 10.2%。

十四、风险控制——人人贷风控体系[①]

1. 项目背景

随着基础设施的改善和智能手机的普及，用户的日常行为从线下到线上逐渐迁移。用户行为的线上化进程，从早期的社交、搜索、电商到后来的新闻、视频、支付、理财等转变。通过用户行为的线上化数据，能够更直接清晰地刻画出用户的生活状态。同时，互联网数据的发展和沉淀，能够更及时精准地捕捉到用户群体和社会环境的变化，例如，用户居住地的房产价格、用户工作单位的核实、中介骗贷的网络等。用户个人数据和社会公共数据的丰富和有机结合为更强大的风险管理带来了可能。

2. 成果概述

人人贷创立线上线下结合的数字化风控体系，覆盖从信贷产品设计环节的客户门槛、产品定价、流程设计、风险埋点，到贷款审批环节的资料核实、大数据反欺诈、客户分类、数据化风险排序、人工复核，再到贷中管理环节的客户提醒、数据追踪，到风险预警，到最后催收环节的电话提醒、失联后数据查找、催收作业等。

3. 解决方案

通过多年来对小微企业主群体的特征和需求的深入研究，人人贷逐渐摸索出一套成熟的服务流程和风控体系。

[①] 主要参与人：蓝晏翔。

贷前：三重机制严格筛选优质借款人

智能的反欺诈系统：为了有效防范用户的欺诈风险，人人贷专业的反欺诈团队以数据为驱动，结合行业经验，构建起专业有效的分场景分客群的反欺诈系统，在业务中做到动态决策，防范潜在风险。

精准的信用风险评估模型：为了精准评估用户的信用风险，人人贷经过7年对目标客群的经营和积累，建立起了多元化的信用评估模型。模型通过采集用户上千个维度的信用数据，对用户的信用进行全方位的分析和评估。

严谨的人工审核机制：为了再次确认用户是否存在信用风险，人人贷信审人员利用丰富的经验对用户进行复审，复审包括电话核实、信息核实、系统及人工的关联检查等。

贷后：专业管理控制资产风险

高效的催收策略：为了高效管控资产风险，人人贷根据用户的基本信息、历史还款行为信息、操作行为信息以及外部关联信息评估用户的逾期风险，为不同的用户制定不同的催收策略，并评估催款效果。

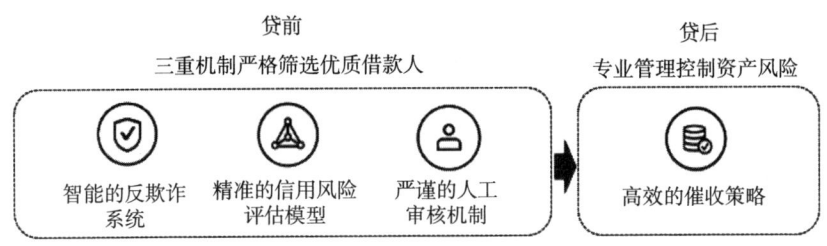

图 5-47 风险控制机制

在风控体系的搭建上，人人贷有效运用金融科技手段，不断优化在个人信贷领域的数据化能力、风险管理水平与反欺诈能力。通过不断的数据积累与技术升级，人人贷建立起了多元化的信用评估模型、分场景分客群的反欺诈系统，配合严谨的人工审核机制，开创了一整套线上线下、人工加机器相结合的数字化风控管理体系。目前人人贷使用的风险模型经历了至少 2 个风险周期的验证和迭代，在风险控制方面能力突出。同时，人人贷专注地用数据化能力去解决问题。无论是运营效率、获客成本还是风险管理，平台已经逐渐积累起基于数据化能力带来的先发优势，通过金融科技手段让更多的资金流入了小微企业主的生产经营活动当中。

此外，人人贷的反欺诈系统通过人工智能深度学习技术分析各行业风险，动态感知进行风险预警，通过关联分析探查风险规律，最终分场景构建专业有效的规则和模型，做到智能决策，防范欺诈风险。随着数据总量的不断积累，基于深度学习框架的各种前沿的算法，在风控上逐步开始进入实践阶段。这些前沿技术在未来能够更好地识别用户风险，为用户提供更好和更有针对性的服务。

4. 项目实施中克服的困难

风控是互联网金融的生命线和核心竞争力，借助风控减少逾期、坏账是大势所趋。面对行业欺诈的风险与挑战，在借款端，人人贷不断强化风险控制能力与反欺诈能力。通过实行线上与线下相结合的风险控制流程，目前人人贷使用的风险模型经历了至少 2 个风险周期的验证和迭代，在风险控制方面能力突出；全流程的风险管理体系使得风险管理水平和效果处于行业内领先地位。人人贷的反欺诈系统通过人工智能深度学习技术分析各行业风险，动态感知进行风险预警，通过关联分析探查风险规律，最终分场景构建专业有效的规则和模型，做到智能决策，防范欺诈风险，由国内外顶尖院校专业人才组成的数据研究院持续提升大数据挖掘处理能力与人工智能能力。

5. 项目收益

通过运用智能反欺诈体系、信用风险评估、人工＋机器三重贷前的风控机制，人人贷将欺诈风险遏制在源头，严格筛选优质借款人。同

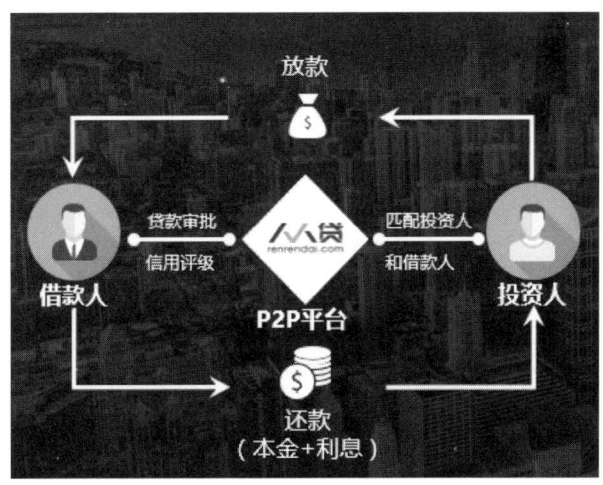

图 5 – 48　业务流程

时，通过贷后专业的管理控制资产风险，大幅降低欺诈水平与逾期率。并提升信审效率，将信审时效控制在 1 小时之内。截至 2018 年 3 月，人人贷累计撮合借款金额超 520 亿元，累计服务借款人数超 66 万，成交笔数超 70 万。据 2017 年年度报告显示，截至 2017 年末，人人贷金额逾期率为 0.27%，项目逾期率为 1.11%。

十五、风险控制——通付盾基于大数据和设备指纹技术的风险决策与用户行为分析系统[①]

1. 项目背景

传统反欺诈手段，基本上是以黑名单与业务名单的比对，经过人工经验的判断，最后发现欺诈行为。通过外部渠道发现欺诈行为，耗时将近 300 多天，而通过内部渠道，也要 60 天左右才能发现欺诈。而多个系统之间账号体系、操作数据很难统一，尤其是跨机构、跨系统情况，直接导致金融机构用户分析的有效性降低，无法达到预期目标。

2. 成果概述

通付盾提出基于大数据和设备指纹技术的风险决策和用户行为分析系统。用户在同一移动设备（手机、平板等）上使用不同 App，不同账号，使用设备 ID 作为唯一标识，同时不强制上传用户数据，简化跨系统的接入成本，设备 ID 作为隐形的账号体系，打通各机构和各业务系统。通付盾设备指纹通过获取上网设备的多重属性为该设备生成跨浏览器跨应用的唯一的智能设备 ID，基于快速识别在线设备的各项属性，判断交易的可信度，从而达成风控及反欺诈的目的。同时，通付盾设备指纹加入了防篡改、防劫持等黑客防范手段，并根据行业风险特性建模提取风险设备，全行业黑名单共享，群防群控，联合打击业内欺诈行为。

---

① 主要参与人：宋超、艾婉婷、刘伟。

3. 解决方案

设备指纹功能主要表现在设备标识、设备画像、设备环境安全、设备安全系数、设备黑名单等多个方面，并可应用于注册、登录、浏览、支付、营销等不同业务环节进行威胁检测和行为建模，利用大数据、机器学习、关联分析等进行用户行为分析从而运用于反欺诈风险控制、营销获客等场景。

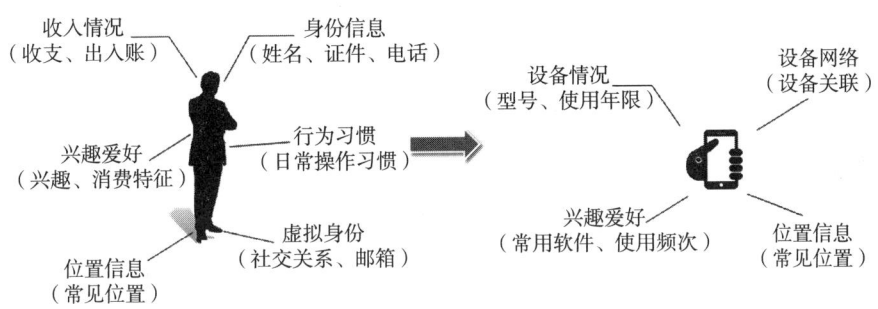

图 5－49　标签体系

设备标识：通付盾设备指纹通过采集移动端和 PC 端设备基础信息、操作系统信息、时间、网络、应用、电池、位置、插件、浏览器等各种客户授权信息，生成设备唯一标识，类似于设备身份证，用于风控规则，增加设备类风控维度。通付盾设备指纹深入了解设备各参数本质含义，经过大量的数据分析对比，针对其在每个浏览器、每个设备上的重要程度，采用有针对性的相似度算法，最大限度保证设备标识一致性。正如"身份证"在人类社会活动中具有无可比拟的辨识作用，"设备唯一标识"也是网络世界中设备识别的一项关键技术。

设备环境安全：通过设备指纹技术采集设备参数，分析设备环境安全系数（ROOT/越狱、虚拟机/模拟器、VPN/代理、高危 APP、伪造设备参数等）。用于识别垃圾注册/羊毛党、识别中坚力量拖库撞库、识别暴力盗用、识别账号盗用、识别盗卡盗刷、识别洗钱、识别黑中介等。图 5 - 50 为广州某银行一月内设备异常行为分布。

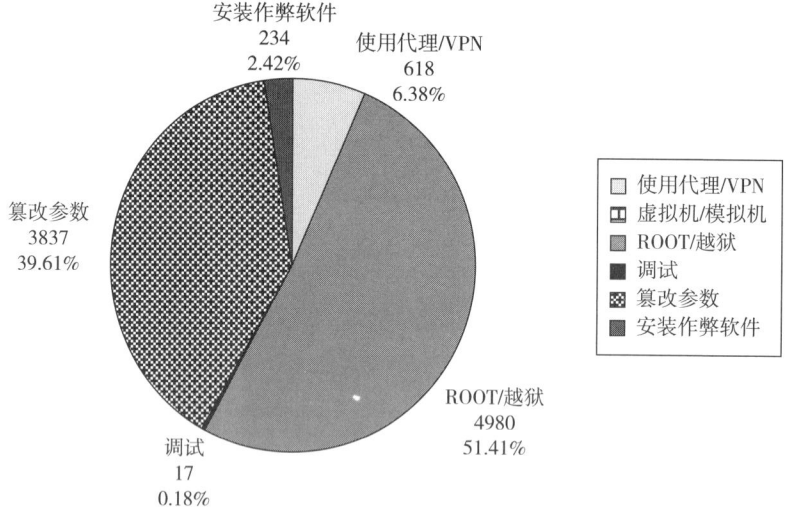

图 5 - 50　广州某银行一月内设备异常行为分布

设备安全系数：通过提取设备软、硬件及设备操作行为等参数参与复杂计算，并通过通付盾风控模型、机器学习、动态调整，输出设备信誉值，为风控提供设备风险分数因子，在注册、登录等业务场景提供安全决策参考。图 5 - 51 为南京某银行一周访问设备安全系数分布图。

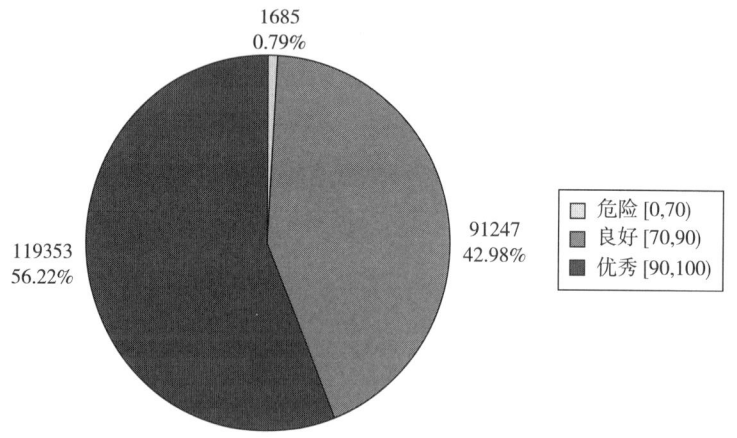

图 5 - 51　南京某银行一周内设备异常行为分布

设备黑名单：基于通付盾可疑行为识别模型多年积累，可输出分行业分场景设备黑名单。如设备黑名单、设备可疑名单告示，可用于跨行业群防群控。

设备画像：正如人有自己的画像，设备也有其独特的画像，基于设备画像，设备和人有了关联。通过分析设备基础信息、设备安全信息、设备关联信息、设备操作行为、设备网络信息、设备位置信息、设备使用习惯，结合业务数据和知识库等进行设备画像，为客户风险控制、精准营销提供决策支持。

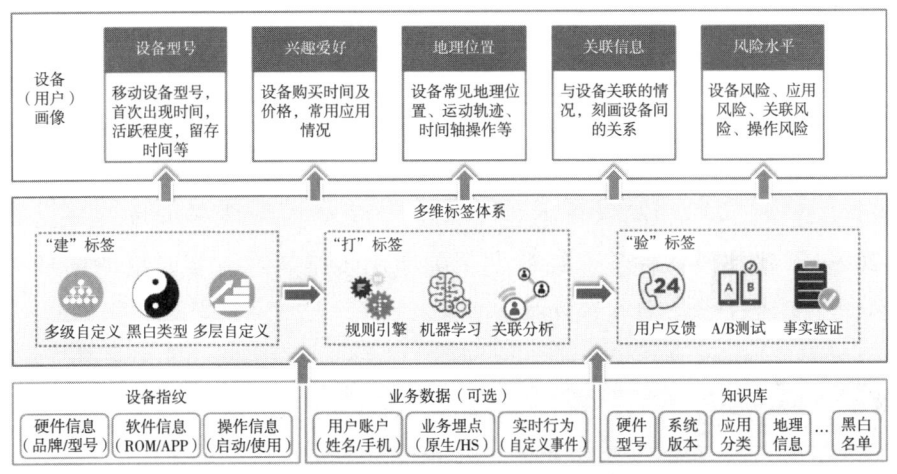

图 5-52 设备画像框架

通付盾基于设备指纹、规则引擎，利用大数据、机器学习、关联分析等建立多维标签体系，支持多层自定义标签，不仅可以识别欺诈设备和团体，对于普通用户也可以提供营销效果验证、设备行为特征、用户兴趣爱好等多维度设备属性。

用户行为分析：通付盾设备指纹经用户授权同意采集各类信息进行用户行为分析明确定位用户，分析用户特征、用户行为、用户偏好、用户场景，支持根据用户使用习惯生成用户行为画像，为金融机构反欺诈、精准营销等提供辅助信息。

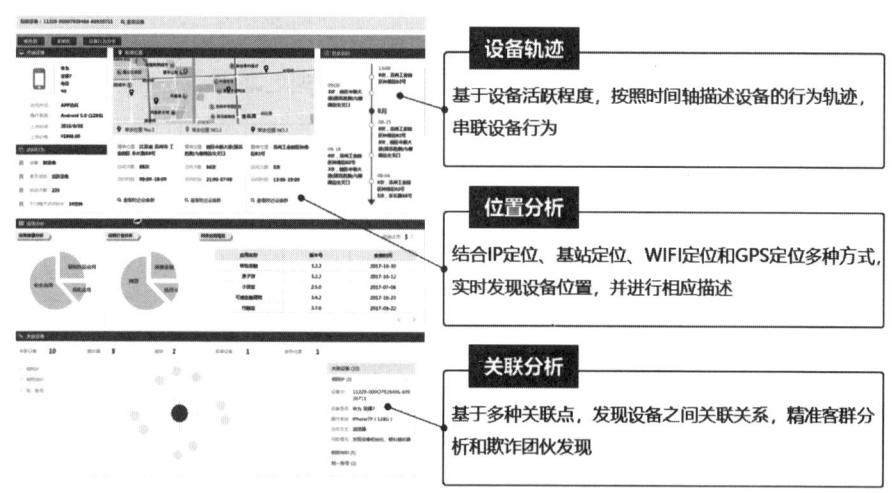

设备轨迹

基于设备活跃程度，按照时间轴描述设备的行为轨迹，串联设备行为

位置分析

结合IP定位、基站定位、WIFI定位和GPS定位多种方式，实时发现设备位置，并进行相应描述

关联分析

基于多种关联点，发现设备之间关联关系，精准客群分析和欺诈团伙发现

图 5－53　设备画像报告（部分）

通付盾拥有覆盖全国应用市场的监测平台，结合设备应用列表，基于自然语言处理、分类算法、深度学习等方式刻画设备特征，包含"200＋"描述设备标签，细粒度刻画应用多维属性，实时反馈用户兴趣爱好、消费特征、行为习惯等信息。

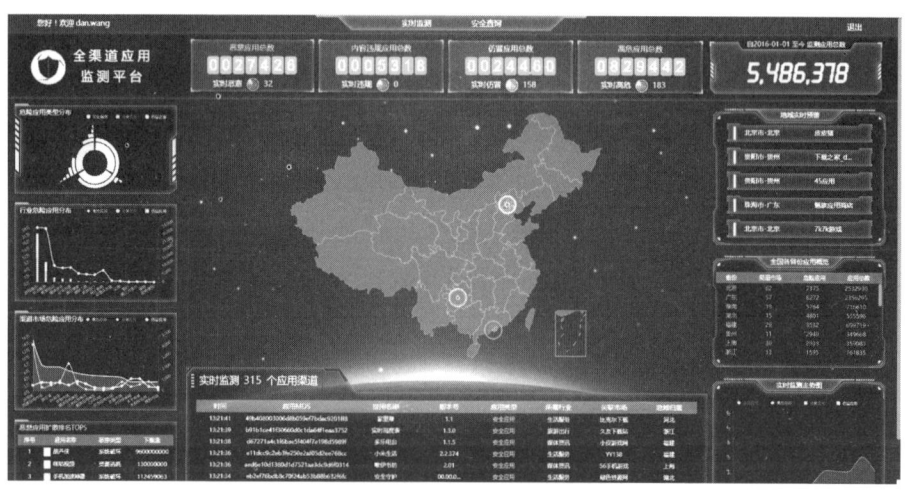

图 5－54　设备指纹应用分析

关联分析：通付盾设备指纹综合运用大数据技术、图谱分析、关联

算法，结合多维度风险数据，深入挖掘可疑数据的关联关系，从而准确定位，找出真正的欺诈分子。通过分析存在于实体或对象集合之间的规律、关联、相关性或因果结构，发现各事物之间的关联关系，精准定位相关目标。可以集中对多个设备或用户进行串并联分析，找到更多关联信息，进行泄露点分析。通过泄露点，查找与泄露点有关联关系的交易和涉及的用户信息。

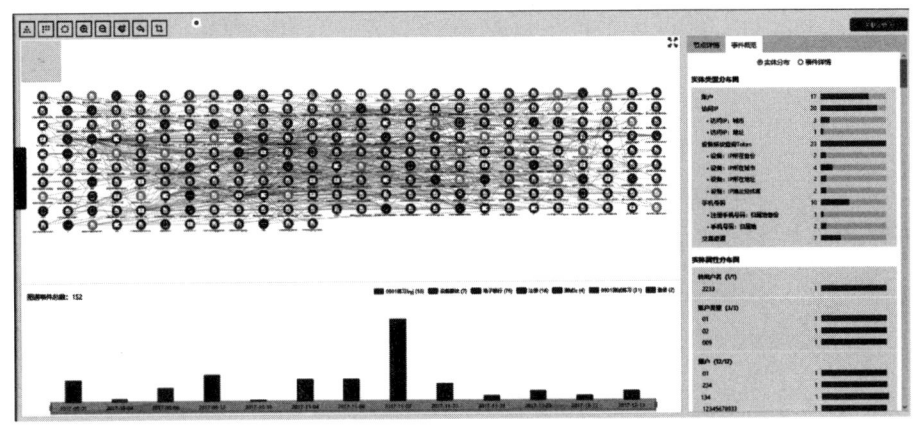

图 5－55　关系图谱

反欺诈风险控制：通付盾设备指纹是通过精密算法对在线设备的软、硬、网络等信息进行计算后生成的"在线设备标识"。设备指纹的出现将风控及数据分析维度由传统的账户、手机等信息上升到了设备层次，当今商业生态系统越来越封闭，设备指纹作为跨平台开放 ID 作用愈加重要，结合通付盾设备画像技术，已成为风控监测和风险管理领域不可或缺的重要组成部分。使用设备指纹可用于在风控中配置风控策略，例如：同一设备注册多个账户；手机业务操作速度过快；地理位置变化过快；非常规时间申请、登录；在非常用设备交易；手机终端环境异常等。

通付盾将大数据和设备指纹技术运用于风险决策领域，通过多维度数据进行用户行为分析，识别欺诈分子与犯罪团伙，能够有效解决传统反欺诈发现周期长、准确率低的问题。

通付盾设备指纹在毫秒内迅速分析相关行为数据，"纵"向挖掘设备历史行为，"横"向联结全网数据，全方位描摹设备"体"的生命特征、活动轨迹和关系网络。从而快速发现设备使用虚拟机/模拟器、使用 VPN、参数修改、地理位置异常、恶意 IP、速率异常、大量生成订单不支付、设备关联大量账号、注册和退出操作使用不同设备等多种风险，运用于网上银行、手机银行登录、支付、消费、改密等不同多个场景。另外，基于设备指纹大数据智能风控可以对同一时间、同一地点发生的多笔信贷交易、关联用户之间的频繁交易等异常行为进行重点监控，有效防止团伙诈骗与套取资金等欺诈行为的发生。机器学习模型的配合使用，可以有效地提高反欺诈系统的精准度，通过聚类算法分析相似性行为、依赖标签数据训练深度网络等手段，更有效地实现复杂环境下的反欺诈。

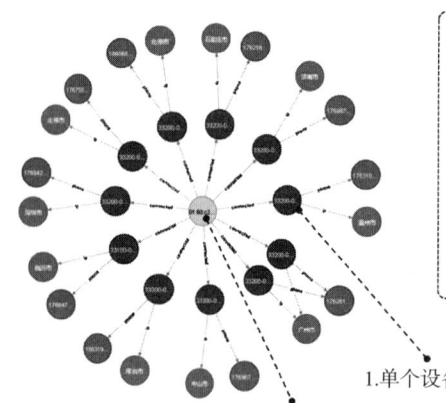

· 群体关联：通过多种方式（位置、账号等）关联应用，结合时间、地域维度建立设备关系描述

· 交叉验证：设备之间属性的交叉验证模型，一旦发现异常，影响设备信誉分数

· 类型影响：定义 IP、WIFI 等基础元素的标签类型，如网吧、公司、刷单等，与其连接的设备受到传播影响

1.单个设备发现异常现象，存在Root、地理位置异常的情况

2.通过同一WIFI连接手机，存在刷机、篡改等恶意行为，地理位置出现异常，综合信息识别成问题团伙（刷单、中介）

图 5-56 设备指纹应用于风险决策场景

此外，通付盾设备指纹通过多维度数据分析用户设备信誉、行为风险、消费习惯等，识别高风险交易的特征，结合业务数据形成共贷名单和失信黑名单，有效地交叉验证用户信息的真实性，将欺诈行为制止于

发生之前。以大数据风控为技术支持，通过对个人用户支付结算、信贷业务、电子商务、信用卡等交易行为的时间和空间多维度分析，结合通付盾设备指纹技术，建立评分卡模型，初始额度模型，帮助金融机构完成风险定价。

通付盾向交通银行、中信银行、广州农商行、重庆富民银行、泸州银行等客户提供设备指纹及风险决策服务，帮助他们进行风险控制。

在中信银行"幸福摩天轮"营销活动中，通付盾设备指纹仅仅上线一周就有效拦截了 1525083 次欺诈访问，挽回直接经济损失近 100 万元，实现了欺诈行为精准防控。

买单吧是交通银行信用卡中心的重要战略平台，2017 年的手机信用卡、买单吧支付等几个战略项目都依托买单吧平台进行开展，这些项目的成功都需要有良好的互联网风控措施来进行保障，精确的移动设备识别是重要的基础能力，通付盾设备指纹正是提升该能力的核心技术之一。另考虑到监管部门对客户信息的监管要求，交行信用卡中心采购了通付盾私有化部署的设备指纹系统。

通付盾设备指纹运用于广东农商行直销银行的在线开户、在线注册登录、贷款申请、还他人信用卡等 11 个场景，助力广州农商行实现全流程反欺诈。

基于设备指纹技术，通付盾向泸州银行提出风险监测预警整体解决方案，从多个角度入手解决泸州银行各渠道（包括手机银行、网上银行、微信银行、H5 页面、柜面系统、卡平台等）业务的风险，实施对基于柜员行为、账户和账务的交易业务（柜面类业务、结算类业务、电子银行类业务、信贷类业务等）系统运行中敏感交易的风险进行监测和预警工作，全方位监测业务交易中异常情况，发现、跟踪差错、违规操作和可疑行为并进行及时报警和审核落实，以保障泸州银行内部账户和客户账户的资金安全，降低风险、减少损失，实现全行金融交易监管中部分非现场稽核的电子化。同时响应监管部门的各项法律法规

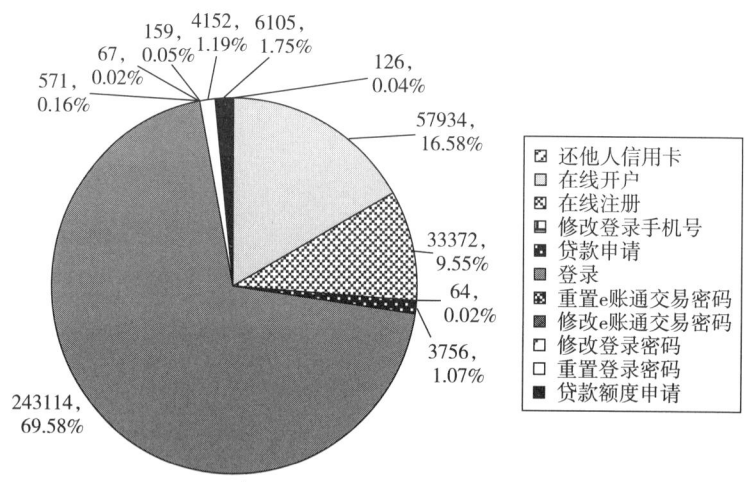

图 5 - 57 广州农商行设备指纹应用场景

要求，如银发〔2016〕261号《中国人民银行关于加强支付结算管理网络新违法犯罪有关事项的通知》、银办发〔2017〕120号《关于强化银行卡磁条交易安全管理的通知》等。

精准营销：除了在反欺诈方面，通付盾设备指纹还能用于精准营销。传统的零售金融服务营销，主要是通过线下网点开展的，对于个人客户的获取，不但精准度低，而且营销成本很高，较难实现个人客户的服务增值。依托传统的营销技术，只能对存量市场做精耕，但是如果能结合一些新的数据源，通过大数据技术，对个人客户进行标签化刻画与精准分层。通过个性化定价提供高阶形式的金融服务，精准定位个人客户，将对金融业务新客拓展、营销效果起到意想不到的效果。

通付盾利用大数据和设备指纹技术，形成覆盖用户与金融服务的多维标签体系，运用客户分层理论进行定位，实现更低成本的、更具针对性的精准营销。获得新客源的同时，帮助金融机构提供更加场景化、个性化金融服务，提高存量用户的忠诚度与黏性。

4. 项目实施中克服的困难

在有设备指纹之前，行业内很多都是通过统计 IP 上发生的交易来判断是否有异常，但是现在 IP 可通过代理/VPN 或者其他工具进行伪装，而且还可以动态切换，因此通过 IP 来识别风险交易已经无法满足风控需求。通付盾设备指纹采集了多种参数，通过深入了解各个参数的本质含义，经过大量的数据分析工作，了解在每个浏览器、每个设备上的重要程度，训练有针对性的相似度算法，以保证在线设备标识的一致性。

此外通付盾作为一家专业的金融科技安全企业，保证设备指纹数据交互安全是其必要责任。在浏览器端，通付盾设备指纹通过混淆、压缩等方式达到安全性的要求，通过对 https 协议，并对传输数据进行加密，以达到前后台的安全传输。在 App 端，借助通付盾安全团队的安全加固方案，通过 https 协议，以及 SM 系列算法，保障前后台传输安全。

5. 项目收益

多维数据，及时风险预警：通付盾设备指纹在大数据反欺诈风控方面有着重要作用。通过对设备信息、用户交易行为的时间和空间信息多维度分析，结合移动终端的设备指纹技术，识别高风险交易的特征，并形成黑名单，设备指纹和大数据的智能风控还可以进一步关联可疑人员，有效防止团伙诈骗、黑中介等欺诈行为。通付盾成立六年以来，累计服务数千家企业，为金融科技企业和个人用户提供全方位的安全保障。在反欺诈风险预警方面，通付盾服务客户七年来，已积累 40 多亿设备指纹库数据，采集涉及欺诈账户、高危欺诈设备、高危欺诈位置信息数亿个。通过阻断及时交易，冻结银行卡，短信、邮件、电话提醒客户等方式，已累计为客户避免损失超过百亿元。

　　用户分析，助力精准营销：未来银行等金融机构将提供场景化、个性化金融服务。不同于传统的市场划分，精准营销开展的市场细分要求根据用户的消费习惯、需求、行为规律等进行分析研究，然后据此进行市场细分，这就要求必须收集客户的显性和隐性方面的信息数据。通付盾利用设备指纹及大数据、深度学习、关联分析等技术进行深入分析，绘制完整的用户视图，然后进行深层次的挖掘分析，帮助金融企业定位目标市场，为其精准化营销提供依据，推进营销管理模式再造和制度完善。在精准营销方面，通付盾通过用户行为分析、用户画像、用户分群、渠道效果分析、渠道作弊防护、风险分析、UGC 自动检测、精准推送等手段，将客户转换率提高 10%，新增用户留存率增长 5%，显著提升营销效果的同时，为客户累计降低获客成本数百万元。

　　降低成本，提高工作效率：因信用卡及消费信贷授信额度较小以及客户需求紧急等特点，人工审批及管理的时间成本和资金成本都很高，金融机构需要大数据系统化、自动化管理。通付盾设备指纹在金融企业风险管理、贷款审批、额度评估、逾期客户管理、营销获客各方面都有着非常广泛的应用，降低经营成本的同时，提高了工作效率。在降低成本、提高工作效率方面，通付盾通过各类大数据工具如设备指纹、用户行为分析系统、反欺诈系统等，为金融机构客户减轻人工审批，人工风险监控，人工逾期管理等工作内容，累计减少了数千万元人工成本，工作效率提高 80% 以上。

十六、风险控制——数尊信息众邦银行线上风控一体化实施项目①

1. 项目背景

近年来，伴随互联网金融、消费金融等业务形态的崛起，个人金融信贷业务范围逐步扩展至新场景、新客群。黑产盛行，客群趋向年轻化、长尾化，不喜等待、重体验轻费用等特点使得传统的风控手段不再满足当前的业务需求。同时，数据分析、人工智能、机器学习等新技术也不断推动着银行整体的能力升级。

2. 成果概述

依循"金融科技"和"智能风控"的核心脉络，众邦银行携手数尊科技搭建了一站式风控决策大脑——"麒麟盾"平台。在支持线上信贷场景全生命周期智能风控策略承载的基础上，该平台创新式构建了数据智能引擎、灵活的风控嵌入（业务）机制、高便捷操作平台、智能节费策略、风控图谱应用等，为风控与业务的平衡、用户体验与机构收益的平衡、长远规划与当前需求的平衡奠定了坚实的基础。

3. 解决方案

基于众邦线上消费分期业务的场景规划及风控需求，数尊科技与众邦银行积极交流，以数尊核心实力——咨询及 IT 实施为两大重点服务，关注贷前及催收两阶段，并根据业务的不同阶段提供适配的方案及

---

① 主要参与人：崔晓春、吴淑贤、胡娜、许开红、何诚诚、曰振永。

策略，最终实现整体风控体系的构建及风控系统的上线应用。

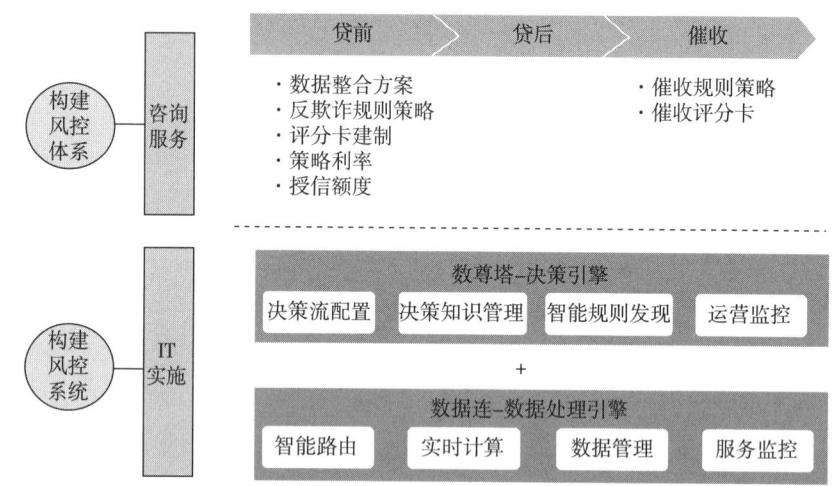

图 5 –58　众邦风控一体化解决方案总体框架

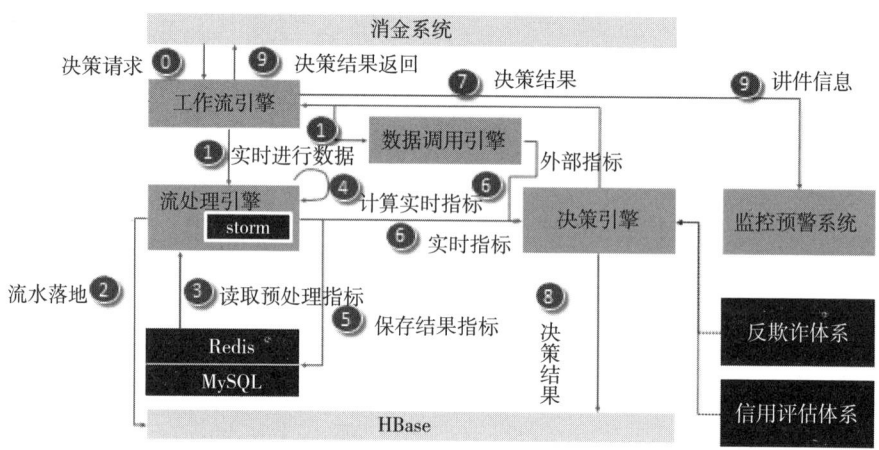

图 5 –59　系统架构

其中，咨询服务部分聚焦贷前和催收两个阶段。包括但不限于数据整合方案的设计、反欺诈体系、贷前评分卡建模、利率额度差异化策略设计、催收评分卡设计及贷前和催收两个阶段的风控策略设计。IT 系统部分，以数尊的两个核心产品数据连、数尊塔为依托，支持对咨询成果的快速便捷落地实施、业务的自动化实施决策和风控决策优化的支撑辅助。

搭建基于大数据平台的风控一体化应用：接受消金系统的需求，落地流水和决策数据至大数据平台的 Hbase 数据库。界面化生成决策引擎、实现版本管理、知识管理、智能规则发现、评分卡/模型部署管理等内容。

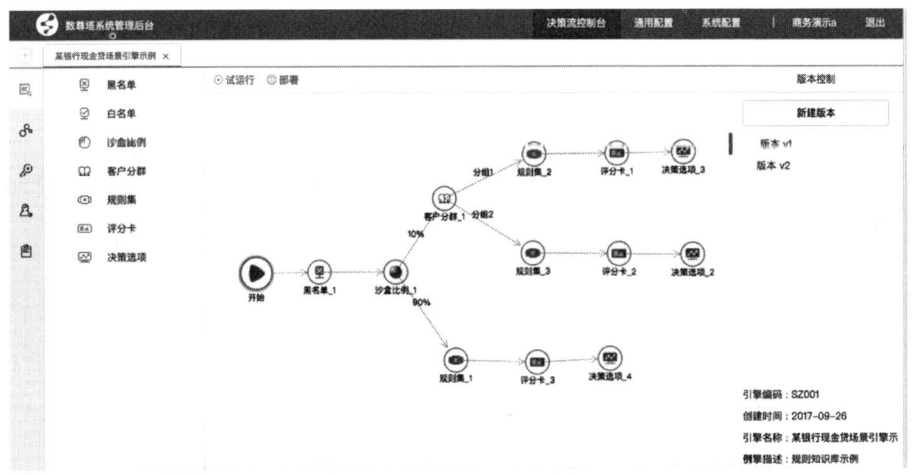

图 5-60 决策系统

界面化的数据实时加工，满足 100 毫秒内的处理性能，模板化数据处理逻辑，支持多种计算模型。实现业务整体监控、核心风险点动态配置下的监控预警。

数据整合方案：有效、可靠的风险数据是实时风控体系的基石。场景和业务的差异化导致精准评估客户风险，需要有效收集并整合平台、自有及第三方多种数据源。本方案所规划的数据类别，包括但不限于：客户申请数据（填报）、平台沉淀数据、自有积累数据、第三方征信数据等，从多维度对客户和进件进行风险评估。进而，针对各数据来源的不同特点，需要制定完善的数据收集计划、管理数据机制、数据沉淀策略等。

图 5 - 61 监控平台

反欺诈体系设计：贷前反欺诈的核心关键点在于"防伪冒、防虚假、防失联"，另外，由于黑产猖獗，需要基于群体行为辅以团伙欺诈、异常订单、异常区域、异常关联等维度的欺诈识别。

政策规则设定：风控规则以政策规则和关注策略规则为主，数尊在长期的建模实践中积累超过 1800 条规则，具备丰富的经验来落地实施场景。

信用评分模型开发：数尊拥有标准的七步评分方法论和多年的银行信用评分建卡经验。本项目方案构建了适用于平台及场景的消费分期信用评分，并通过评分卡的方式量化进件申请的违约风险，确定客户信用等级以及设定 Cut off 明确自动通过/拒绝/人工干预的阈值。评分卡建制以业务需求为导向，最终建卡以及分卡依据数据情况共同探讨以确定。

策略及评分应用：自动审批比例是本项目成功的核心评估指标，因此我们根据模型产出自动审批政策，并评估给予额度。

风险定价：评分卡能够显示客户的风险程度，本项目中我们根据特定公式来协助设计基础风险定价，从而反映出客户的风险状态来拟定差异化利率。

闭环监控：在本项目中，我们将根据过往的经验提出完整的评分模型监控报表架构，用以全面监控模型运营情况，并提供报表开发文档。

此外，模型的效果需要有闭环的优化流程才能保证持续良好效果。数尊有科学的模型监控流程，能和众邦一起进行模型优化，使众邦掌握持续优化模型的能力。

4. 项目收益

截至目前，该平台每天承载业务量超过数万笔。自动化线上审批流程的实现，大大降低了人工审核的成本，将一般银行业务中三天到一周才能完成的审批流程，在毫秒级就实现了自动化的审批和放款。同时精准的风险模型和策略，极大地对好坏客户进行了有效区分，通过率从之前的30%达到了55%，业务增长明显，与此同时，风险逾期率也有效控制在3%以内，达到了风险和收益的极大平衡。

十七、精准营销——陆金所投资者适当性管理体系①

1. 项目背景

互联网财富管理平台利用高效开放的互联网工具，在一定程度上降低了传统资产管理机构服务门槛，提升了价格发现效率，带给投资者更开放、普惠的投资体验。但同时由于监管环境较为宽松，行业准入门槛较低，致使行业参与者良莠不齐，一些平台的跑路和倒闭，更是给广大投资者造成了伤害与损失。传统金融和互联网金融行业，目前仍通过问卷方式评估客户风险承受能力，评估结果依赖客户填写，真实性缺乏验证，经过陆金所内部验证，问卷误判率达到60%。资产管理行业存在销售误导等投资者适当性管理缺失的现象，将不合适的产品卖给不合适的投资者，无法实现资产和资金的精准匹配。

2. 成果概述

陆金所设计并建立了投资者适当性管理体系。该体系创新地利用大数据和机器学习等新技术对投资者风险承受能力进行精准评估，同时为了让客户直观了解自己风险承受能力高低，对其进行了量化处理，输出"坚果财智分"。通过准确对金融资产进行风险分类，对投资者进行风险承受能力分类，按量化模型对两者进行匹配，辅之以清晰、完整、全流程的信息披露以及投资者教育体系，实现资产和资金的精准匹配和产品全生命周期风险管理，将合适的产品卖给合适的投资人，保护投资者的合法权益。

---

① 主要参与人：杨峻、毛进亮、戴琳、熊国盛、朱丙坤、张睿。

3. 解决方案

陆金所创新性地运用大数据及机器学习对客户风险承受能力进行精准评估，同时输出客户专属的坚果财智分，动态地了解风险承受能力的变化情况。通过陆金所 VIP 客户验证发现，采用问卷方式陆金所 VIP 客户客观实力集中在较低等级上，采用大数据模型方法客观实力集中在较高等级上，说明大数据模型的评估方法在确定客观实力"强"的客户上显然优于问卷评估方法。

对资产进行识别、筛选和风险等级评定（Know Your Product，KYP）：借鉴和利用传统金融机构风险管控行之有效的办法，同时充分发挥互联网大数据优势，从风险政策、信用评级、信息披露、风险监控、风险评价、风控系统等方面入手，实现对资产的识别、筛选和风险等级评定。陆金所将产品风险等级由低到高分为 5 个层级（R1 – R5）。在风险预警监控方面，正着力打造基于陆金所、平安集团大数据，结合外部舆情信息的自动化、模型化的智能风险预警监控体系。通过多个数据库的实时连接和网络扒取，及时获得所关注企业的行业、财务、诉讼、舆情、招聘、海关等多个不同维度的信息，由系统自动抓取数据、分析及预警，从而提高投后资产管理工作效率，并降低人工操作风险。

对投资者风险承受能力分类（Know Your Customer，KYC）：一是从投资者客观实力和主观风险偏好两个维度，评估投资者风险承受能力。二是以大数据、机器学习为主要手段评估投资者客观实力。三是以问卷为主要手段，并结合大数据、机器学习模型评估投资者主观风险偏好。四是量化投资者风险承受能力。系统综合客观财务实力和主观风险偏好两个维度得分，计算投资者风险承受能力等级。在确定客户风险承受能力等级的同时，为了让投资者直观了解自己风险承受能力高低，对风险承受能力进行了量化处理，输出"坚果财智分"。陆金所将客户风险承受能力等级由低到高分为 5 个类型，即保守型、稳健型、平衡型、成长型、进取型，坚果财智分范围为 300～800 分。

投资者与产品风险匹配：在资产风险识别及投资者风险承受能力精准分析的基础上，利用模型化、智能化的投资者与产品风险适配系统，实现资产和资金的精准匹配。投资人风险承受能力与产品风险等级一一对应，向下兼容。根据产品风险等级，设定最低起投金额。产品风险超投资人风险承受能力时，系统拦截提示风险，同时推荐与其风险承受能力相匹配的产品。对风险等级较高的产品或高龄投资者，电话或短信提示风险。

信息披露：对产品识别、筛选和安全等级评定后，将产品风险等级、底层资产、主要风险、还款来源、保障措施等以互联网化的语言动态、实时地传达给投资者。通过充分的信息披露，确保投资者在众多的产品中选择与其风险承受能力匹配的产品。

投资者教育：通过适配系统拦截风险超配投资、强制投资者阅读风险提示、在平台上采用知识问答、游戏等多种形式，促进投资者提升投资经验和风险认知水平，在服务投资者的同时达到投资者教育的目的。

陆金所、平安集团以及知名的外部数据供应商保证数据来源。数据类型包含多维度的客户画像数据，如基本信息、资产信息、消费行为、投资行为、投资经验、投资规划、风险敏感度、认知水平等。数据规模庞大，建模样本 120 万个，模型候选变量 1000 个以上。算法上，采用 logistic regression + boosting 的方法提升算法准确性，机器学习模型结果采用了业界通用的 AUC 指标进行了验证，模型 AUC 指标为 0.867，accuracy = 90.8%，表示模型结果优秀、达到模型预设目标。

4. 项目实施中克服的困难

模型风险：主要涉及模型精准度风险，项目通过建立投资者风险承受能力评估模型，对投资者的风险承受能力进行评分。若机器学习的准确性和模型精准度出现问题，则会影响对投资者风险承受能力的评估。

解决方案：为保证模型精准度，根据模型上线后的效果，对客户前、后评级的迁移情况，做对比分析，进行模型提升。并采用深度学习的方法对数据的非线性关系进行建模。用户的风险等级和客观实力，有多个异源的数据共同决定。一个用户在单一数据源上的表现可能缺失或不显著。所以这个问题天然需要组合多个异源的数据的特征进行综合判断。相比一层的逻辑回归模型，深度学习算法会提供模型准确率。同时，依据陆金所平台上丰富的客户信息、百万级以上的样本数据进行验证，保证模型的有效性。

5. 项目收益

陆金所建立模型化、智能化的投资者与产品风险适配系统，提醒、拦截超过投资者风险承受能力的投资行为，并推荐与其风险承受能力匹配的产品。自 2016 年以来，实现了超 3 万亿元产品与投资者销售匹配；累计对 127 万人、236 万笔交易进行风险超配提示、拦截，金额3829 亿元；拦截不匹配的投资者人数和交易笔数处于下降趋势且趋于稳定，说明该体系有效引导投资者购买适合自己的产品。

十八、精准营销——恒丰银行基于大数据的
客户关系管理系统[①]

1. 项目背景

在互联网金融迅速发展的背景下，差异化营销和个性化服务越来越成为银行长期客户维系的重要方面。传统银行 CRM 主要关注内部数据，关注如何把银行内部各个业务环节中零散的客户信息搜集、汇聚起来。而在大数据时代，伴随社交和移动化的盛行，外部数据越来越丰富，促使银行不仅要关注内部数据，更要想办法把外部数据整合利用起来。通过多种渠道获取大量中、高价值潜在客户信息，获取更多的销售商机和线索，充分了解客户的个性需求并提供差异化的服务和解决方案；拓展传统销售渠道，利用新媒体、新渠道开展精准营销，提高营销环节的投入产出比。

2. 成果概述

CRM 系统依托恒丰银行自主研发的企业级大数据技术平台，采用微服务软件架构、实时流处理技术和人工智能技术，通过对内外部数据的深度整合和价值提炼，提供客户 360 视图、工作提醒、智能客户推荐、营销机会发掘、产品货架与优化组合方案、行业资讯、客户风险预警、移动信贷业务、团队协同管理、业绩看板等业务功能，为业务团队掌握市场动态、识别客户价值、预见客户风险、实现精准营销和团队协作提供信息技术支撑，有力提升商业银行的客户服务水平和市场竞争。

---

① 主要参与人：曾光尧、宋敏佳、赵宏伟、刘晓明、朱颖、阎文韬。

3. 解决方案

恒丰银行 CRM 系统采用 MVVM + 微服务的技术架构，前端集成了 Bootstrap、AngluarJS、Echarts、Websocket 等技术，使用 scala 语言的 xitrum 框架搭建 RESTful API，解耦客户端和服务端接口，使系统易于扩展和维护。服务端使用 akka 框架处理系统复杂逻辑及异步通讯，提高系统的容错性和可扩展性，使系统能够支持大量用户高并发、高流量的服务请求。部署方式采用两地三中心的 OpenStack 云环境，可以支持弹性部署与集群部署模式，提供实现弹性扩容和差异化的硬件资源配置，以降低运维人力成本。

（1）CRM 系统依托行内大数据平台尝试进行业务创新，致力于向业务人员提供准确、及时、智能的营销信息和营销机会

一是恒丰银行 CRM 系统基于数据挖掘、文本处理、关系网络分析、实时流处理等大数据技术，通过对客户行内外数据的实时采集和智能分析，为业务人员提供客户行为类、到期类、预测类及生命周期类的营销响应信息。

二是系统创建了智能获客与产品推荐模型，为客户经理正确评估客户价值、获取潜在价值客户、开发集团客户、实现精准营销提供信息支撑。

三是 CRM 系统借助于行内大数据平台，全面整合工商、企业舆情、互联网行为等外部公开信息，构建了更为清晰全面的客户视图，使客户经理能敏锐地掌握企业经营动态，及时发现客户在重大技改、兼并重组、IPO 等重大经济活动中蕴藏的客户需求和金融服务机会。

（2）多渠道全方位的客户画像

从多个角度出发进行分析，通过对客户的分析，定义客户的贡献度、忠诚度，刻画客户生命价值特征，为定位客户需求做好基础。深度挖掘各类客户数据，实现用户人生阶段及大事件智能分析；利用特定用

图 5 - 62　功能概览图

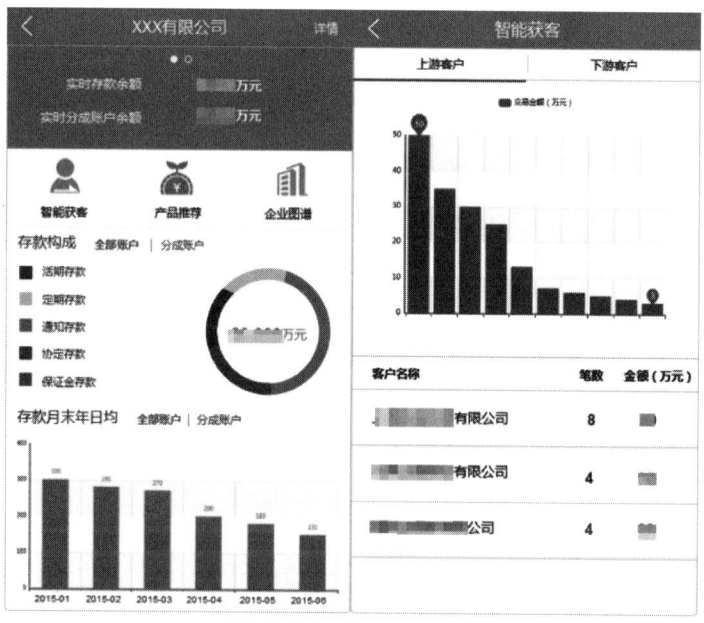

图 5 - 63　高价值潜在客户的获取

图 5 – 64　资讯信息定制化推荐

图 5 – 65　工商信息

户群进行精准的客户画像,提取各个维度特征的语义标签,分析出用户群适合的服务和产品。

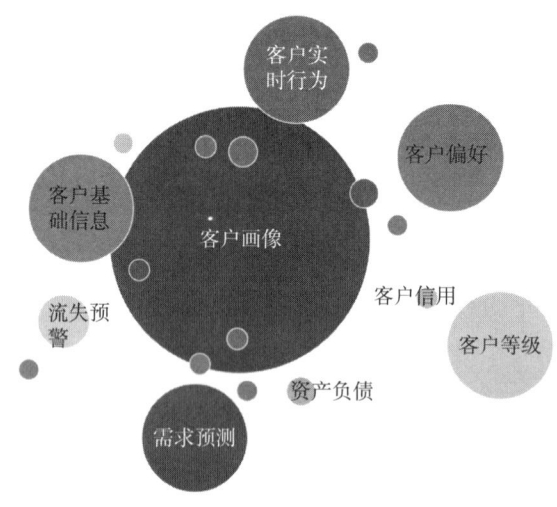

图 5 – 66　客户画像

（3）高价值潜在客户的获取

CRM 系统提供潜在客户获取、潜在客户营销、潜在客户转化的潜客周期管理的功能,能够精准识别与行内客户关联的高价值潜在客户并进行营销和管理,根据客户类型不同,分为以下两个类别。企业客户:微观以客户交易链、资金流向为主,外部工商数据为辅进行客户定位和获取,结合宏观市场、产业链、金融市场等方面进行推荐;零售客户:以渠道交易信息为主,公开的工商注册信息、信用信息、公共社交网络如微博等信息为辅,结合于本行客户的关联关系进行推荐。

（4）基于关系网络的企业图谱

企业图谱主要为业务人员实时掌握客户动态并准确预测客户行为,提供决策、投研、风控等方面的服务。CRM 系统采用机器学习方式,采用关系网络分析技术和基于 MPI（Message – Passing Interface）的图模型算法的并行化分布式计算对海量数据进行数据挖掘利用,整合工商信息、司法信息、资讯信息、交易信息，提取体现在上下游供应链、股东、投资、高管、抵押担保等企业间关系，通过整合企业及企业关联信息，挖掘客户在互联网上的信息，结合多维交叉分析及智能算法，形成统一的企业图谱。

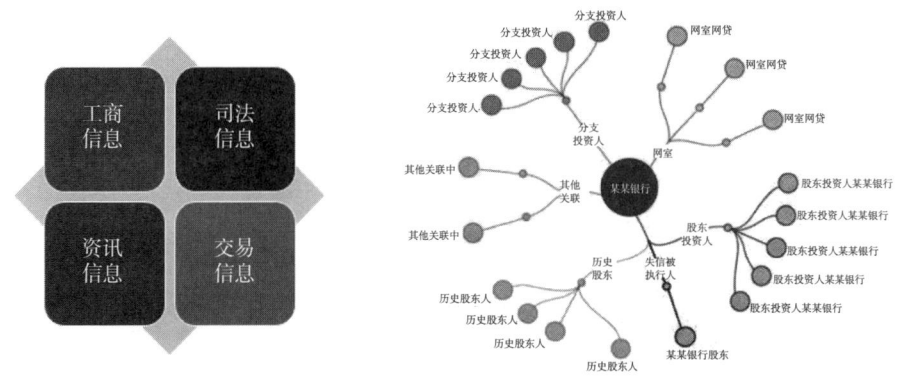

图 5 - 67　某企业图谱

（5）实时智能化的工作提醒

基于实时流处理的交易提醒：CRM 系统提供基于 kafka、zookeeper、redis、storm 等流处理组件的实时客户交易提醒功能，将交易数据加工汇总提醒到业务人员／管理人员的相关设备。核心交易系统实时交易数据通过 kafka 推送至 CRM 系统，CRM 将数据存储于 redis 数据库并通过消息推送平台推送到手机 APP 及 PC 端；使用 storm 分析生成客户实时交易链和客户、机构、交易渠道、交易频率等分析数据，为管理人员监控日常业务运营情况提供了强有力的数据支撑。

基于影响性质的事件提醒：构建外部数据爬虫智能网络，整合互联网信息采集技术及信息智能处理技术，通过对互联网海量信息自动抓取、自动分类聚类、主题检测、专题聚焦，实现客户的网络舆情监测和新闻专题追踪，为全面掌握客户动态，对客户做出正确评估提供分析依据。

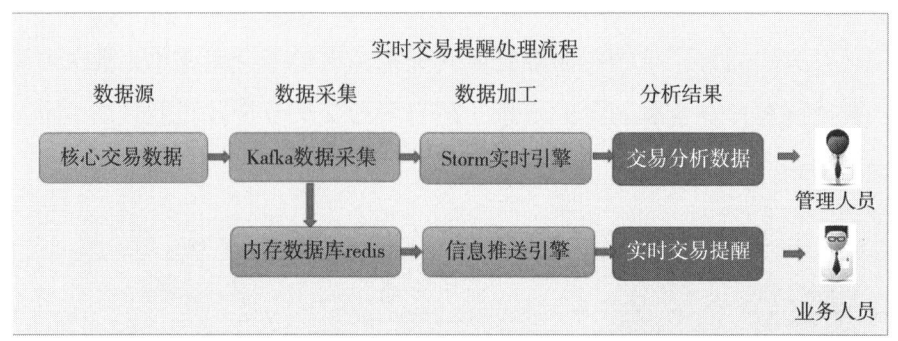

图 5 - 68 实时交易提醒处理流程

图 5 - 69 时间提醒

（6）客户风险信号的智能分析

客户行内的交易行为暴露的风险信号仅仅是很小的一部分。我们在此基础上借助行内大数据平台的数据优势、计算优势，运用多种信息渠道和分析方法，根据银行的风险战略和偏好确定预警指标，并以这些指标为出发点，及时识别、分析、衡量客户和资产的信用风险状况或潜在风险，及时采取适当的措施，对信用风险进行汇报、防范、控制和化解。

风险监测范围包括：客户信息基本信息变动、经营资格变化、负面事件、经营管理者异常情况、公司经营内外部异常情况、银企关系、履约能力、关联风险以及宏观政策、行业政策、产品风险、监管风险等。

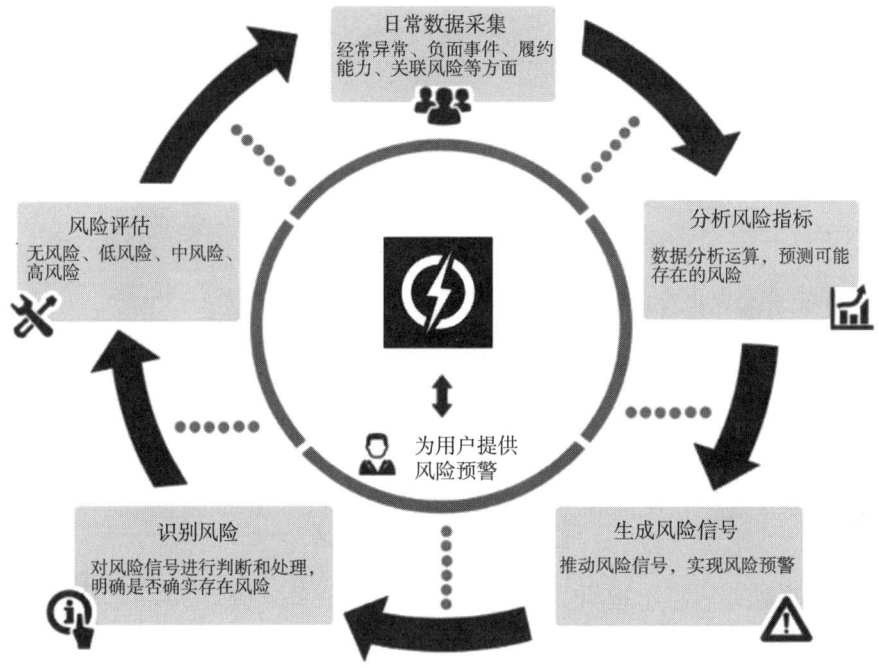

图 5-70　客户风险信号的智能分析

（7）产品推荐智能化

提供丰富的推荐策略，全方位满足用户的不同推荐需求，包含：基于每位客户的不同喜好，千人千面的推荐产品；根据用户历史浏览记录，利用协同过滤、SCD 等算法关联性的推荐产品；紧跟热点，推送当下最热产品，以满足大部分用户的兴趣与需求。

（8）资讯信息定制化推荐

针对金融新闻网站上的金融财经领域热点资讯，实现内容聚合分析及个性化推荐，系统实时进行采集及热点聚合分析，对热点内容进行内容语义分析提取语义标签，例如，资讯分类、行业、机构品牌、人物、地点、主题关键词、语义短语等，结合情感分析技术分析客户的喜好，从而针对客户的个性化需求，实现资讯的个性化订制与推荐。

此外，利用网络爬虫及流处理技术，针对互联网上各种突发或者正

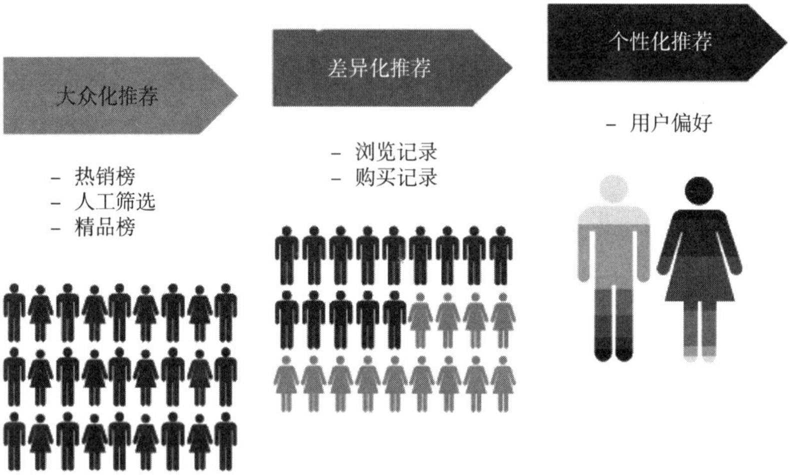

图 5 −71　产品智能化推荐

在爆发的热点信息，进行实时的监测，结合语义分析技术实现对文本内容关键信息的提取和分析，及时向客户经理进行推送，及时规避风险或挖掘潜在获客机会。

（9）多渠道定向化的精准营销

客户关系管理系统提供了基于客户画像和客户行为的精准营销功能，可以通过多渠道、定向化地为不同客户提供针对性的服务和产品推荐，为营销活动智能划定客户群，降低了银行和客户总成本，并提高了客户总价值。主要体现在：一是线上为主［包括行内线上资源和行外线上资源，如门户网站、社交渠道（微信、微博）、个性化论坛等］，更强调多波段、跨渠道、线下线上有机协同营销。二是通过流处理组件和 drools 规则引擎的运用，通过预定义事件筛选目标客群，结合营销场景，实现了事件式营销体系，提升了营销成功率。

4. 项目实施中克服的困难

面对银行业整体的业务发展和业务团队对客户营销方面的高要求，此项目立项伊始就面对来自业务和技术方面的巨大挑战。

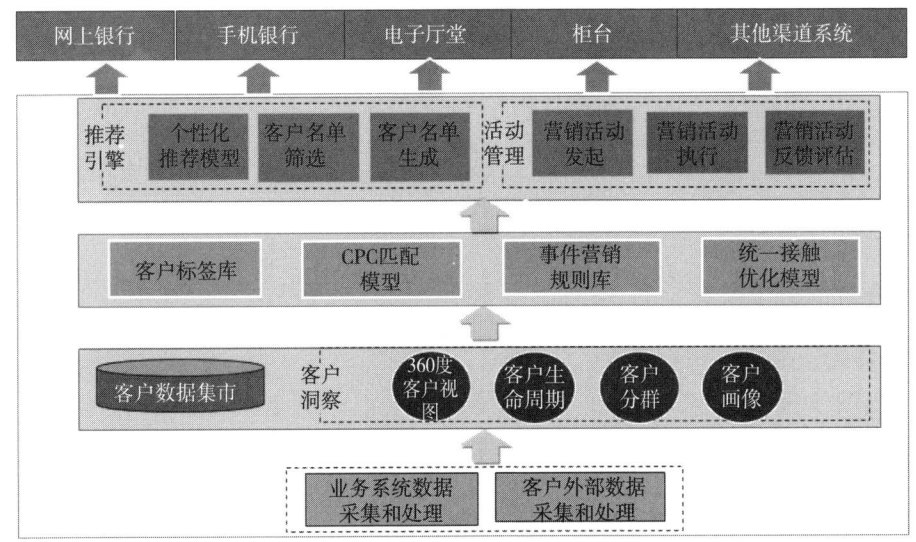

图 5 – 72　多渠道定向化的精准营销

在业务方面，CRM 系统要打破以往传统业务和数据模式，实现传统 CRM 不能提供或不能实时处理的信息和功能：

（1）360 客户视图需要整合打通内外部数据，提供更完善的客户全景视图，实现客户的深度洞察；

（2）需要根据大量交易数据实施加工并提供可靠的交易、产品、风险预警等多种信息提醒，使业务人员及时预判客户的资产变化和风险趋势；

（3）为营销人员提供智能的客户推荐与产品推荐，提高获客率和产品持有率；

（4）结合地理信息，为营销人员经常性的外勤任务提供方便的签到、拜访记录管理等功能，实现任务记录的移动化。

在技术方面，CRM 系统要同时具有高实时性、高并发、高可用、可扩展性强和便于维护等要求，又要考虑由处理结构化数据向处理半结构、非结构化数据转变的要求：

（1）系统需要支持移动设备、PC、PAD 等多种方式访问，能够提

供可适配、客户体验度高的用户操作界面;

（2）系统可以支持高性能、高并发的用户请求和高性能的数据处理能力，并通过实时处理海量数据获取高价值的业务信息和风险信息;

（3）系统可以支持分布式容器化部署，支持横向扩展和纵向扩展两种维度扩展系统性能和数据吞吐能力;

系统需要具备处理海量半结构化、非结构化的数据的能力，运用机器学习及智能推理引擎获取有价值的营销线索及推荐信息。

5. 项目收益

采用最新的开源技术实现了高性价比可弹性扩展的数据应用服务架构。基于微服务技术，通过自主研发高性能大数据应用服务架构，以较低成本实现了更强的数据处理能力，满足了移动互联场景的高并发低延迟应用服务需求，实现了可弹性部署和动态扩容的软件服务技术架构。

智能技术的大量运用，提升了数据价值的挖掘和利用水平。整合大量的行内外数据，通过大量运用知识图谱、机器学习、智能推理引擎等智能技术，充分挖掘行内外结构化与非结构化数据信息价值，减少客户数据采集成本，实现更全面清晰的客户视图，并通过自动化工作提醒、优化组合产品方案、智能客户推荐等多种业务功能，提升一线业务团队的工作效率。

实时流处理技术实现了全信息流高效整合利用。通过实时流处理技术实现全渠道信息的实时高效整合，充分运用智能技术实现客户营销机会预测、客户风险预警，提升客户服务体验，实现快速的客户风险应对能力。

大数据可视化技术的运用提高了系统的易用性和数据信息提取效率。客户经理通过产品分析生成的流失客户预警进行客户挽留，降低了客户流失率，同时通过产品推荐和智能获客，提高了新客户增长率和产品持有率，新客户增长率、价值客户增加率和重点产品持有率明显提升，图 5 - 73 所示是客户指标在 2016 年 2 月至 2017 年 4 月的使用前后对比。

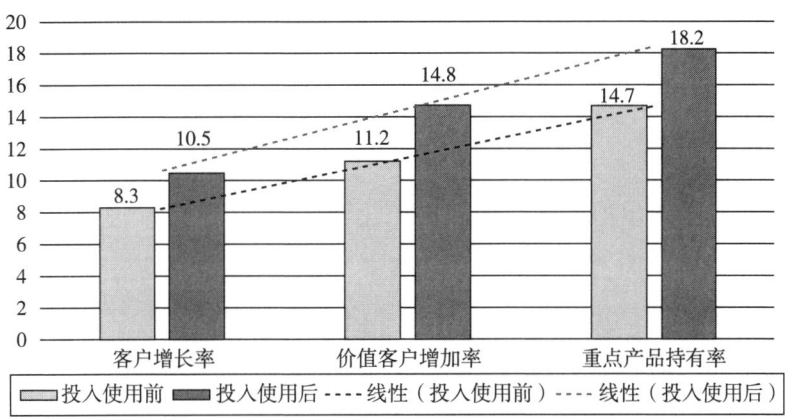

图 5 - 73 系统投入使用前后客户指标对比

十九、精准营销——万丈金数保险行业智慧电销解决方案[①]

1. 项目背景

保险行业传统电销陷入模式同质化困境，在监管趋严的态势下，产能压力和运营压力逐渐提升，表现在：一是行业增速放缓，保险电销增速总体趋于平缓，2014年增速19.6%，2015年增速16%，2016年增速依旧为16%，业务红利期逐渐过去。二是数据痛点，企业有数据，但字段简单，形不成标签；数据沉睡难激活；数据不流动，没有实时性。三是业绩转化难题。行业数据显示，目前电销渠道的成单率有1.5‰~3‰。这个数据一方面反映了社会大众对电话销售的认同度极低，另一方面也反映了电话销售对客户数据的需求之大。四是人力难题。由于工作内容同质化、秒挂、投诉、业绩压力，使得传统电销坐席的工作价值感极差，再加上业绩不佳导致的收入困难，流动过于频繁。以上种种痛点和难点加速推动了险企的转型突破需求。

2. 成果概述

万丈金数开发的保险智慧电销系统，运用大数据、AI、实时互动等技术，分析客户需求，开展智能营销，系统辅助精准匹配用户、产品和卖点，并为电销营销员提供实时的销售话术和销售策略的智能辅助和指导，把握销售时机，达到了提升保险公司产能，提升电销人员销售效率和提升用户体验的目标。

[①] 主要参与人：李廷威、陈炳标、钱爱峰、杨镇育、李晖、魏丹丹。

改造了传统电销产业流程，实现了产业链、价值链的重构。万丈保险智慧电销系统融数据、产品、技术、服务于一体，构建了从流量整合、内容互动、潜客培育、产品匹配到交易促成的全链条应用闭环。引领行业模式创新，改变过去单点突破的技术应用模式，实现了产业链、价值链的重构。

用户、产品和卖点精准匹配，提升商业效率。在传统电销模式下，客户、产品和卖点匹配不精准，销售成功率较低；而在智慧电销系统下，系统辅助精准匹配用户、产品和卖点，并且给营销员进行实时的销售话术和销售策略的指导，把握销售时机，提升电销人员的销售效率。

提升单产，提升留存率。在智慧电销的支撑下，提升了大量普通营销员的单位产能，相应地，也提升了大量普通营销员的留存率，确保了人员稳定，甚至团队的稳步扩充，实现了总体规模和业绩的提升。

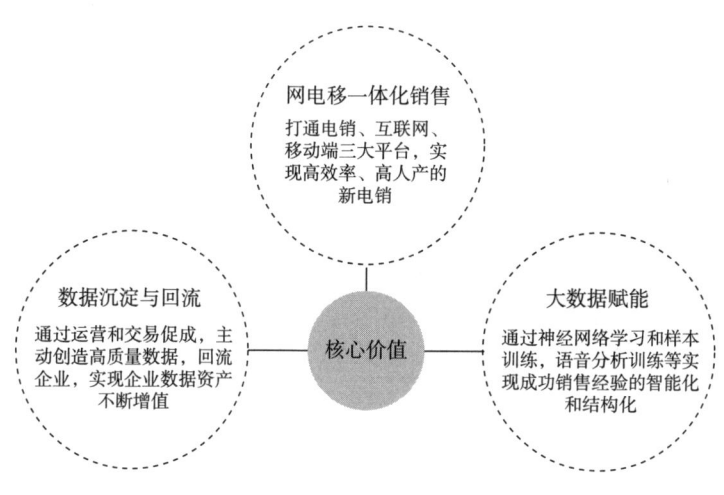

图 5 - 74　系统价值

3. 解决方案

（1）大数据 + AI = 无限扩展的分析能力

以海量累积的大数据资源为依托，以敏捷的插件方式增加各种主题的 AI 分析模块，众多 AI 分析能力用于营销活动名单筛选、名单有效分配、实时营销指导和提示、营销策略推荐、提升客户交互体验、优化营销管理等方面。

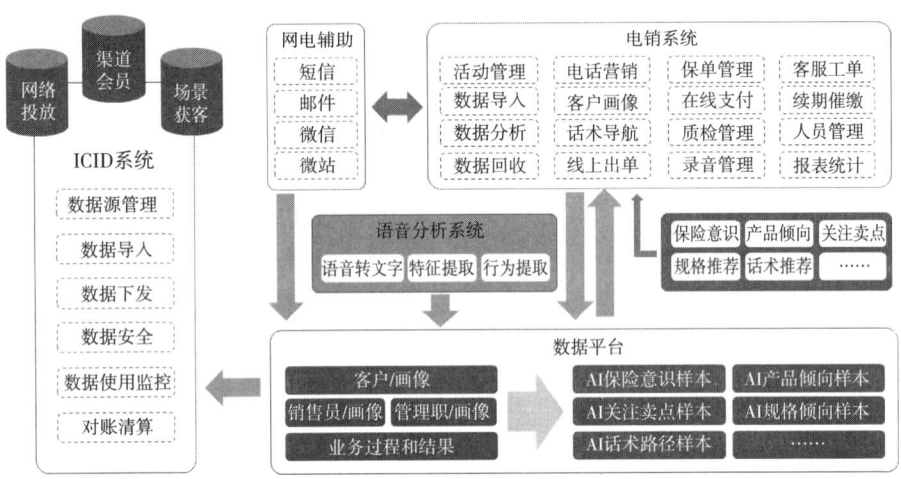

图 5 – 75 新电销系统：重塑电销流程

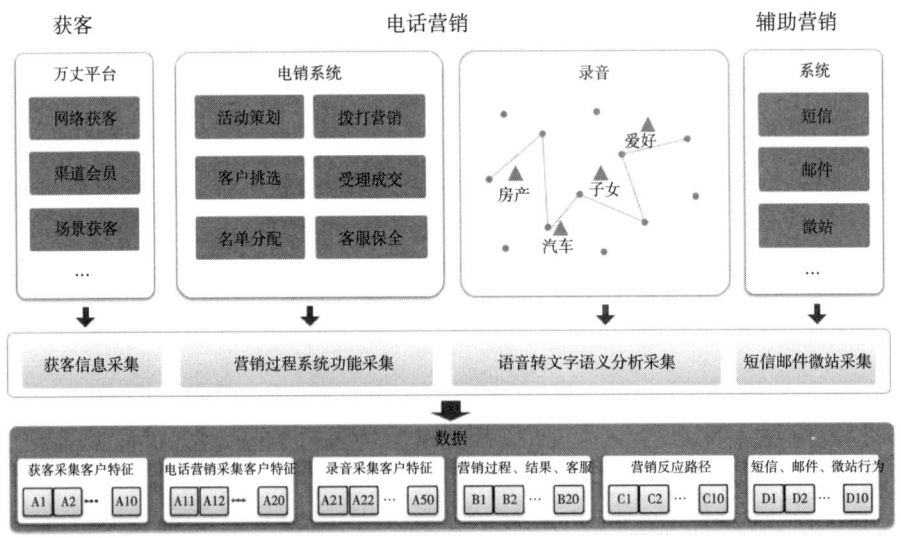

图 5 – 76 智慧电销——数据获取和融合

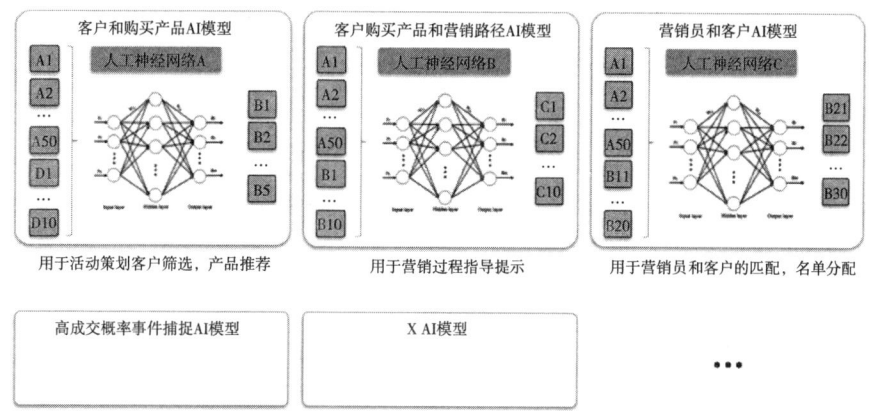

图 5 – 77　智慧电销——多目的 AI 智能模组

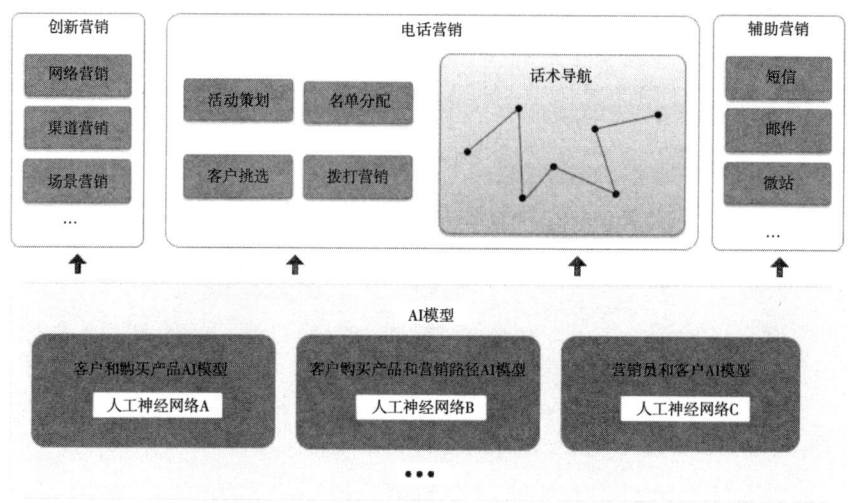

图 5 – 78　智慧电销——AI 智能助力营销

（2）现场实时智能辅助和指导

智慧电销系统实现营销界面驾驶舱化，动态智能的显示客户关键信息、特征和事件，显示基于大数据 AI 计算的产品倾向性、感兴趣的产品卖点，同时，搭载可视化的话术地图导航，实时采集客户特征和事件和行为反应后，智能计算，动态更新营销策略、注意事项、建议话术路径等。

其中，话术地图导航通过话术的可视化，有效引导和提示，辅助营销员销售，同时实现好的经验能力的大面积复制，实现更强的销售能力。

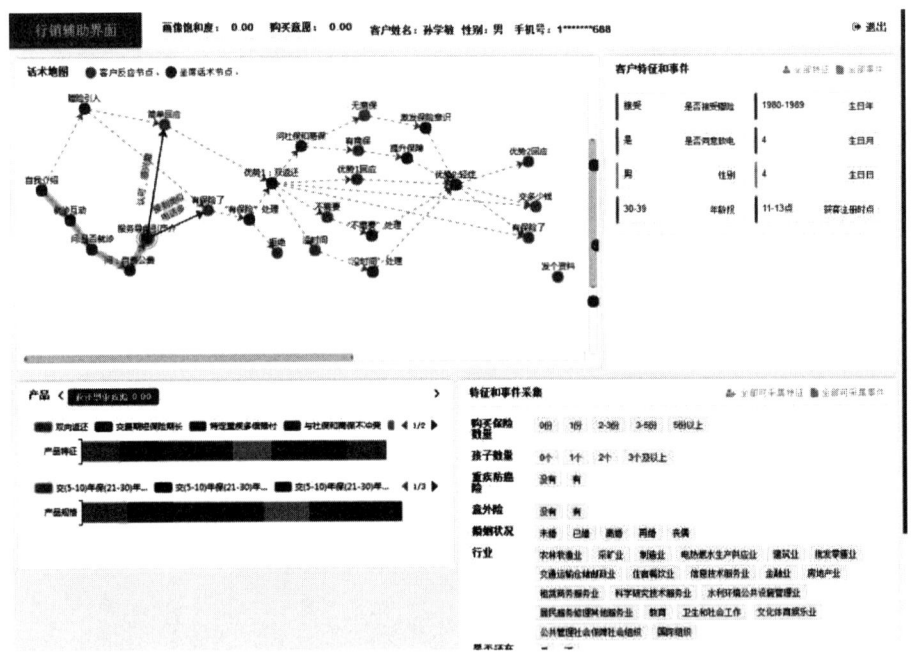

图 5-79 话术地图

（3）网电结合，多触点连接用户

通过慧客服插件，营销员可在与用户电话沟通的同时，通过短信等互动方式进一步连接互动，多触点多方式连接用户。同时，接入智能聊天机器人客服，为用户解答保险问题，多方位服务用户，提升用户体验。

（4）人机协作新模式，专家大师有效助力

后台搭载图形化的话术地图编辑器，由培训师、营销专家不断总结可能的话术应答分支路径，对每个分支进行客户心理分析，话术分支设计，分支选择依据描述，以便可以针对不同心理的客户提供恰当的话术支持；并将高级销售的优秀录音转换为话术地图中的话术路径，给普通营销员进行分享和营销实时引导。

同时，专家团队在电销拨打流程中，从数据源到拨打前准备到拨打后全流程跟进，人机协作提升拨打效率，提升用户体验，达到人的智慧和机器智慧的有效结合。

（5）数据＋系统＋产品＋解决方案，既可单兵作战，又可组合聚力

智慧电销系统聚合了慧客服、电销系统、AI 技术产品、大数据技术产品、智能聊天机器人等多个产品。各个产品既可单兵作战，小切口切入解决和改善保险电销的某项业务问题；也可组合聚力，大规模应用在保险新电销业务上，智能获客、精准营销，提升营销效率，发挥更大价值。

4. 项目实施中克服的困难

从内部来看，智慧电销系统十分庞大和复杂，从外部来看，数据立法、数据安全等政策不断加码，此项目立项伊始就面对多维度协作和数据安全的挑战。

（1）协作方面，智慧电销系统集合了慧客服、电销系统、AI 技术产品、大数据技术产品、智能聊天机器人等多个产品。面临多产品协同、多维度协作、人机结合、系统融合等方面的挑战。为此，智慧电销系统打造出既可单兵作战，又可组合聚力的组合解决方案，各个技术产品既可单独使用解决或改善电销业务某项具体问题，又可组合作战，达到 1 + 1 > 2 的协同作战效果。

（2）数据安全方面，智慧电销系统在数据传输、分析结果输出等全流程实施全方位的数据加密处理，并严格控制对外暴露的端口，部署数据级、应用级、环境端、业务端等全方位的安全体系。

5. 项目收益

改造传统产业流程，提升商业效率。在传统电销模式下，客户、产品和卖点匹配不精准，销售成败只在于营销员个人的销售方法上；而在智慧电销系统下，系统辅助精准匹配用户、产品和卖点，并且给营销员进行实时的销售话术和销售策略的指导，把握销售时机，提升电销人员的销售效率。

同时，提升单产，提升留存率。在智慧电销的支撑下，提升大量普通营销员的单位产能，相应地，也提升了大量普通营销员的留存率，确保了人员稳定，甚至团队的稳步扩充，实现总体规模和业绩的提升。

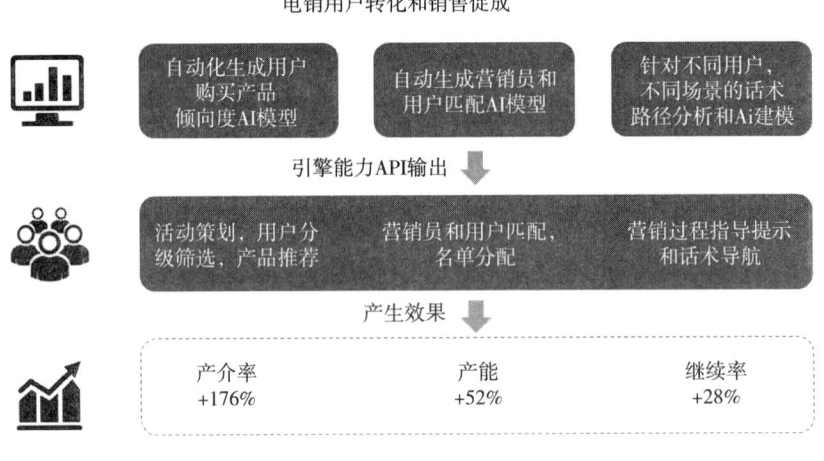

图 5-80　新电销系统效果初步验证

二十、监管科技——支付宝反洗钱智能分析产品^①

1. 项目背景

识别违法犯罪活动能力的提升需要长期的培训和"实战"经验沉淀。而这在一定程度上阻碍了金融机构提升反洗钱和打击犯罪能力，导致漏过和无法识别出违法犯罪活动。蚂蚁金服需要有一种自动沉淀分析经验进行可疑交易分析的产品。

2. 成果概述

反洗钱智能分析产品主要具备两个功能，一个是反洗钱智能关系网络，它通过后台大数据计算后将与客户有关的资金链路和数据分析结果直观展示给可疑交易分析人员，用于快速定位和识别洗钱风险；另一个是智能审理，它能够智能学习可疑交易审理人员的经验，对可疑交易案件进行自动分析，并将分析结果提供给审理人员参考。

3. 解决方案

蚂蚁金服设计了智能审理方案。首先，我们通过机器学习技术学习人工审理沉淀的数据，例如赌博和非赌博的实际案例，抽取应用频率最多、效果最显著的风险特征，建立智能判断模型（如随机森林，深度学习等模型）。

通过不断输入新的案例提高智能判断模型的准确率。当模型准确率达到业务预期以后，蚂蚁金服将该模型设置在人工分析判断之前，对

---

① 主要参与人：薛峰、张鹏、顾曦、郭倩婷、沈磊、王嘉浩。

于每一个预警的异常交易，模型自动对预警进行判断，并通过自然语言处理技术，给出风险点的描述和证据。

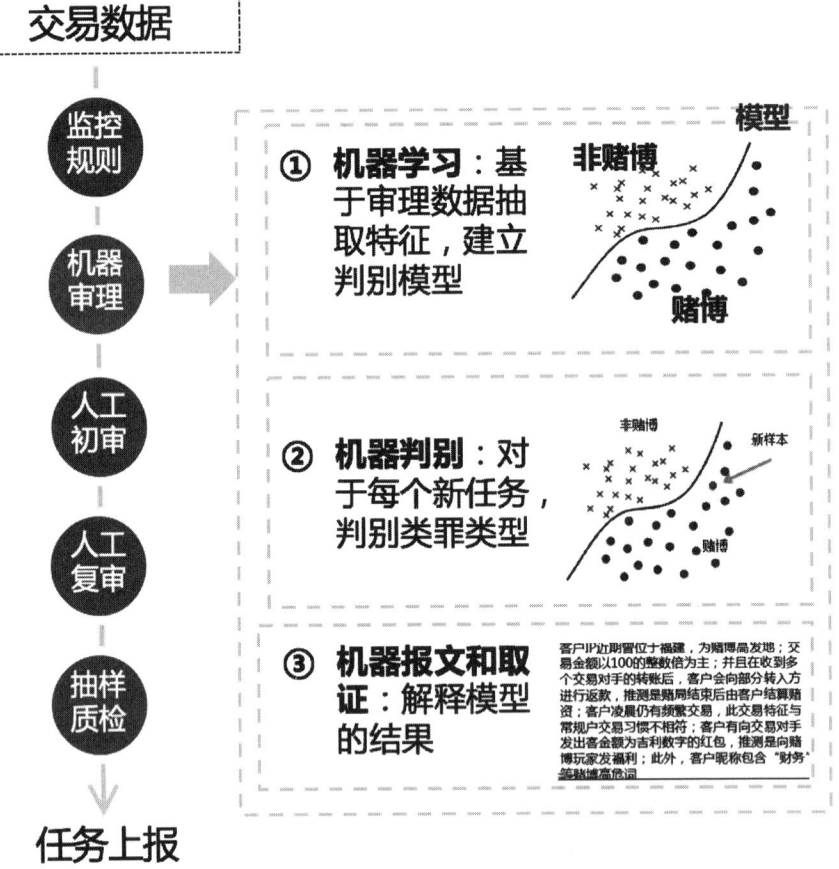

图 5-81　机器智能审理的部署点和流程图

　　智能关系网络是识别业务风险分析和智能异动分析的一个有效实践，涉及资金关系、人际、媒介等多种关系网络特征。蚂蚁金服利用大数据和人工智能的优势，建立了支持开放式接入的金融领域算法和深度学习框架，提供高效、易用的一站式机器学习 PaaS 平台，以及模型全生命周期管理。基于此平台，实现了反洗钱智能关系网络，其中包括关联分析、团伙分析、关系搜索等核心组件，极大提升了反洗钱审理运营的效率。

智能审理是通过机器学习技术学习人工审理沉淀的数据，比如赌博和非赌博的数据，抽取高维的判别特征，建立分类判别模型（比如随机森林，深度学习等模型），当模型训练好以后，对于每个监控规则抓取的警报，模型自动对新警报进行判别，给出标签，并通过自然语言处理技术，给出相应的报文描述和证据。该项技术使得赌博任务的平均审理时长降低了80%，节省了大量宝贵人力资源。

整个产品的数据来源具有多样性，包括资金往来、同媒介、SNS交互、通讯录等不同业务场景的数据。大数据类型包括交易数据、行为数据、地理位置数据、设备数据等，包含了结构化和非结构化的数据。资金、人脉、媒介关系达到百亿量级，离线数据存储规模达到了 PB 级别。海量数据的算法性能确保 T+1 的时效性。

4. 项目实施中克服的困难

机器智能报文和人工报文虽然差别不大，但也存在不完全匹配的问题，人工报文的个性化更强，写的报文更加生动，机器报文倾向于对犯罪事实进行描述，容易出现千篇一律，个性化描述低的问题。近年来，人工智能和机器学习技术被广泛应用于自然语言处理中。其中，文本生成技术，是人工智能、机器学习和计算语言学的分支，其工作过程是从抽象的概念层次开始，通过选择并执行一定的语义和语法规则来生成文本。文本生成技术的发展，促使我们考虑使用文本自动生成可疑交易的报文。与现行文本生成技术不同，在可疑交易报告生成场景中，需要解决：①文本长度受约束问题；②报文准确性问题；③报文时效性问题。基于以上三点挑战，我们提出一种有长度约束的反洗钱机器自动报文生成算法，该算法能够在约定长度下自动生成可疑交易报告，满足报文的大信息量、高质量和时效性要求。实践中我们发现，自动报文能够提升可疑交易报文生成效率75%左右。

5. 项目收益

通过反洗钱智能分析产品，蚂蚁金服反洗钱中心将可疑交易人工分析的效率提升了30%。对疑似涉嫌赌博、非法集资、传销等犯罪类型的识别时间从平均30分钟缩短到5分钟，并且识别的准确性始终保持在90%以上。在识别可疑资金的流向以及可疑交易主体之间是否具有团伙关系等上做到了直观可见的，完全不需要反洗钱中心工作人员手工绘制资金流向图，对业务效率的提升起到了显著的提升作用。

二十一、监管科技——金信网银大数据监测预警金融风险平台①

1. 项目背景

近年来，随着国家对金融市场管控政策的不断调整以及互联网金融的快速发展，非法集资的犯罪手段和形势发生了很大变化。仅在 2016 年，全国检察机关公诉部门受理非法集资案件 9500 余件，其中，非法吸收公众存款案 8200 余件、集资诈骗案 1200 余件。受理金融犯罪案件 30900 余件 48700 余人，起诉 23700 余件 36300 余人。从以上数据来看全国打非形势依然非常严峻。同时，伴随着互联网大环境下网络非法集资的规模大比例增加，作案手段更趋隐蔽化、多样化给金融监管工作带来了更大的困难。

在当前金融市场和互联网的大环境下政府想要更有效地打击非法集资就需要运用到新的手段和方式，通过技术创新和模式创新，凝聚大数据处理领域的优势力量，做到"用数据说话、用数据决策、用数据管理、用数据创新"，并且借助大数据实现智慧治理、数据决策、风险预警、智慧城市、智慧公安、舆情监测等。因此尽快建立起实用有效的网上监控体系，是实现非法集资事件早期发现与预警的最有效手段和方式。

2. 成果概述

大数据监测预警金融风险平台以大数据云计算为技术支撑，构建

---

① 主要参与人：李崇纲、许会泉、马铭德、郭锐、姜雪峰、郭琳。

针对五大领域十七个行业的分析模型。通过机构合规程度、网络投诉率、收益率、特征词命中率、传播力等 5 个维度多项数据，综合分析计算监控对象非法集资风险相关度（即冒烟指数）。冒烟指数测评分数越高，则非法集资风险就越高。预警平台融合文本挖掘技术、社会网络分析方法、LBS 分析技术等大数据前沿技术，通过对企业、人、资金三方面监测，不断优化升级"冒烟指数"监测预警模型，提升监测预警准确性。

3. 解决方案

大数据监测预警金融风险平台的建设有三个步骤：搭建平台架构、设计研发产品、数据计算云平台服务方案。分别如下：

（1）搭建平台架构

首先，大数据监测预警金融风险平台的数据支撑为金融大数据系统，通过系统对多个数据源的采集，在内存式计算系统上进行分布式计算，经过数据清洗、数据集成、数据变换、数据规约等一系列预处理过程，把数据集合统一转换成可供分析的结构化数据。

其次，针对私募、网贷、投资咨询、融资担保等行业分别建设预警模型，应用大数据处理技术实时运算，得出衡量企业非法集资潜在风险的指标"冒烟指数"。

最后，基于企业的原始数据和"冒烟指数"分析结果，设计可视化系统，辅助用户直观了解金融风险情况和个别企业风险详情。

（2）设计研发产品

从需求出发，金信网银辅助地方监管机构实时扫描区域类金融企业的舆情负面信息、工商处罚信息、法院涉诉信息等数据，一旦出现企业涉嫌非法集资等金融风险的行为，及时发出预警信号。

同时，结合区域金融风险情况，应用"冒烟指数"模型作为研判依据。"冒烟指数"一词的取名，灵感来自于森林火灾前的冒烟场景。

因为森林要着火首先要冒烟，烟越大火势越旺，同样非法集资案件爆发前总会有苗头，因此衡量企业非法集资潜在风险大小的指标叫"冒烟指数"。

"冒烟指数"从合规性、收益率、传播力、投诉举报情况和特征词命中情况五个维度深度挖掘重点监控企业的风险。合规性指数从企业资质、企业管理人资质、是否涉嫌超范围经营、是否存在虚假宣传等几个因素来考量；收益率偏离指数从企业承诺的收益率和市场平均收益率之间的差值来考量；传播力指数从企业或产品宣传的途径、企业经营覆盖范围等几个因素来考量；投诉举报指数从投诉信息的来源渠道和投诉内容来考量；特征词命中指数从企业舆情出现非法集资风险关键词的频率来考量。

"冒烟指数"位于 0～100，分数越高，该企业非集风险就越高。当冒烟指数高于 60 分时，说明该企业的非法集资风险很高，建议约谈整改。

为确保"冒烟指数"模型的精准性和客观性，金信网银在利用跨部门数据资源的基础上，以大数据和云计算为技术支撑，综合应用了机器学习算法、自然语言处理及复杂网络分析等前沿技术，并对历史非法集资案件的数据进行剖析，梳理出近千个细分数据项，然后对海量数据进行反复训练，不断地优化模型的准确性。

（3）数据计算云平台服务方案

最终，产品以 Saas 云平台的模式交付给监管部门。Saas 云平台具有数据同步便捷、运维成本低等优点。在数据同步方面，金信网银不断积累的新数据和模型优化后的计算结果能够第一时间同步到大数据监测预警金融风险平台中。在后期运维过程中，一旦出现软硬件等运营故障，金信网银可以第一时间核查原因，降低时间成本。

大数据监测预警金融风险平台的建设主要应用三个技术：大数据采集技术、大数据管理技术、大数据分析技术。

（1）大数据采集技术

应用 TRS 海量异构数据采集技术对网络新闻、财经媒体报道、百度贴吧、社交网络信息、经授权的工商、税务、法院诉讼数据等数据实时监控和采集，对采集到的信息进行过滤和自动分类处理，最终将最新内容及时发布出来，实现统一的信息导航功能，同时提供包括全文检索、日期（范围）检索、标题检索、URL 检索等在内的全方位信息查询手段。

（2）大数据管理技术

金融风险大数据中心每日数据更新量达 5000 万条，融合多源结构化和非结构化的海量数据。作为大数据架构的底层，大数据中心应用分布式存储技术和集成技术实现数据的海量存储，应用索引分片、对等节点机制（去中心化）、新型列数据库存储机制等技术实现数据的有效管理，应用全文检索技术实现数据的精准检索，提供了大数据高效管理和智能检索的平台支撑。

（3）大数据分析技术

高效、迅速、精准的挖掘海量数据中的风险信息是大数据监测预警金融风险平台的关键。金信网银利用大数据、云计算和机器学习等进行决策，融合了文本挖掘、自然语言处理技术、复杂网络分析、LBS 分析等技术，并结合机器学习、深度学习等算法，实现从大数据监测预警非法集资分析方法的突破。

文本挖掘也称为文本数据挖掘，是以文本型信息源为分析对象，利用智能算法，如神经网络、基于案例的推理等，融合文本分词、文本分类、文本过滤、文本抽取、关系挖掘等功能，从非结构化文本文档中提取有用的、重要的模式，知识和规律。文本分词融合规则和统计两方面技术，可有效解决切分歧义问题；文本分类可对信息的行业、地区、褒贬义等进行分类，是建模中的一项重要指标；文本过滤有效识别和过滤各种有害垃圾文本信息，降低后期模型计算的误差；文本抽取使用机器学习和统计的方法实现各类实体信息的抽取；关系挖掘可从海量数据中快速分析挖掘实体间关系，用于分析企业的关联担保风险。

复杂网络是由数量巨大的节点和节点之间错综复杂的关系共同构成的网络结构。结合工商数据的投资关联数据、法院数据的原被告利益数据等数据，复杂网络分析方法可用于核心企业/人员的锁定、关联风险的识别及关联结构异常的挖掘等。

基于 LBS 分析，可视化呈现目标企业与其关联企业的地理分布，并从其动态演变特征挖掘风险异常。

机器学习（Machine Learning，ML）是一门多领域交叉学科，涉及概率论、统计学、逼近论、凸分析、算法复杂度理论等多门学科。它是一门研究机器以获取新知识和新技能，并识别现有知识的学问，是将无序数据转化为有用信息的方法，价值在于从数据中抽取规律，并用于解释数据或预知未来。机器学习分为四大块：降维、分类、聚类和回归。从技术角度看，谷歌云机器学习与人工智能首席科学家李飞飞表示：机器学习正在信用卡风险检测、反诈骗和洗钱等方面发挥越来越大的作用。

4. 项目实施中克服的困难

随着我国政务信息化取得巨大进展，很多不同的数据分别隶属于政府的不同部门，相关数据信息相互隔离，缺乏关联分析与深度挖掘，容易形成信息孤岛，从而导致获取非法集资相关信息和证据困难。例如，非法集资风险监测预警的核心是账户资金异动情况，涉及账户信息异动是由各金融机构依据《反洗钱法》和《大额交易和可疑交易报告办法》向人民银行报送，具体信息由人民银行反洗钱部门掌握。非法集资民事、刑事案件审判信息和犯罪记录由法院和公安机关掌握。此类信息因涉密和保护隐私，难以向其他部门实现共享。中央直管金融机构合法产品信息由证监会、银保监会等中央金融监管部门掌握。农民专业合作社管理信息由农业部门掌握，要实现数据共享还需要进一步协调。

为解决数据共享问题，金信网银以金融风险监测预警为切入点，帮助监管机构发掘政府数据的潜在价值，并整理成数据协调共享申请书，共同参与数据协调谈判。

5. 项目收益

截至 2017 年 10 月底，大数据监测预警金融风险平台根据预警模型选定的 100 余项指标进行分类筛选并分析计算出最终结果。据监测，大数据监测预警金融风险平台应用已对全国 100 多万家类金融企业常态监测，及时预警高风险企业，已主动识别高风险企业 800 余家。其中高风险企业（冒烟指数≥60 分）共计 46 家，存在涉嫌违规经营、承诺高收益、涉嫌传销、涉嫌诈骗、涉嫌虚假宣传、存在涉诉信息、存在经营异常、存在行政处罚、存在失信被执行人信息、未在基金业协会备案、信息披露不透明等问题。在监测预警、风险排查方面发挥重要作用。

目前，大数据监测预警金融风险平台已服务公安部设计案件研判模型，利用大数据技术辅助研判分析经济犯罪；服务北京市金融局建设全国第一个打击非法集资监测预警平台，应用于打击非法集资专项整治行动和互联网金融风险专项整治，及时监测预警非法集资等金融风险；服务中国互联网金融行业协会监测预警会员风险；服务国务院处非联办，广东、内蒙古、江西、安徽、宁夏、贵州等各省（自治区）金融办，以及深圳、珠海、襄阳、武汉、宁波等各市级金融办，北京市东城、西城、海淀、大兴、房山等各区金融办金融风险监测预警工作。此外，还服务于"一行两会"、中央网信办、北京市公安局、广东证监局等监管部门，经受住了市场的考验，积累了丰富的经验，不断走向成熟。

二十二、智能投顾——通联浙商大数据智选消费基金[①]

1. 项目背景

传统投资研究对于宏观环境、行业研究、公司分析的数据大多存在时间滞后、样本偏差、统计失真、费时费力等问题。另外，随着上市公司的数量增加，涉及行业范围不断拓展，传统投研方法也会遭遇瓶颈。

2. 成果概述

通联支付通过对自有的消费类支付相关数据，其中包括支付的细分行业、销售额、笔数、刷卡数，以及实际的销量和价格等进行分析，可以实时了解行业（尤其是消费行业）销售需求的情况，按行业汇总各商户的刷卡支付情况，获得行业最新的景气边际变化，进而将资金更多地配置在景气向好的行业上，然后利用经典量化模型，精选相应行业内的上市公司，并基于此发行了一支名为"浙商大数据智选消费"的偏股混合型基金。

3. 解决方案

本项目通过构建专业的量化分析模型，从海量信息数据中提炼出与投资行为相关的信息，并以此作为基金投资决策重要依据。

浙商大数据智选消费基金是一只混合型基金产品，其股票投资比例为0%～95%；作为主动投资的混合型基金，其预期风险和收益高于债券型基金、货币市场基金，但低于股票型基金，属于证券投资基金中

---

① 主要参与人：陈文成、王晓韡、李冬麒、谢晓艳。

的中高风险、中高收益品种。

浙商大数据智选消费基金之所以聚焦消费领域是因为消费行业与大数据有天然的结合优势，产品主要数据源来自消费各细分子行业支付数据。从经济和市场运行情况看，2014 年下半年以来，经济增速下降，而以消费和服务为代表的第三产业增长体现出明显的韧性，消费在 GDP 占比重要性不断提升，资本市场上消费指数中长期表现显著优于大盘指数。

本项目中的消费行业具体划分为以下几类：一是医药生物、食品饮料、纺织服装、商业、农业等稳定消费行业和必需消费行业；二是汽车、餐饮、旅游、家用电器等可选消费行业；三是以信息消费为主的新型消费行业；四是伴随人口老龄化而催生的养老消费行业；五是开始通过各种渠道转型涉足消费领域的传统非消费公司。

在本项目中，通过对通联支付的大样本支付数据进行分析，实时了解行业（尤其是消费行业）销售需求的情况，获得行业最新的景气边际变化，进而将资金更多地配置在景气向好的行业上。由于上市公司财务报告通常发布在其经营期结束 1~2 月后，而消费数据监控较公司经营期结束提前 1~2 月，因此可提前预判上市公司盈利变化，提前布局。如 2016 年 3 月，关于支付数据的监控显示医药商业的支付金额环比增速在各行业中表现突出，进而引发投研团队对该行业的关注和深入研究，最终遴选相关上市公司。

4. 项目实施中克服的困难

在实际投资过程中，数据量越全，得到的投资结论会越准确。由于消费类数据牵扯到用户与商户的相关隐私，所以我们通过脱敏对相关数据进行了处理，以保障用户与商户的信息不被泄露。

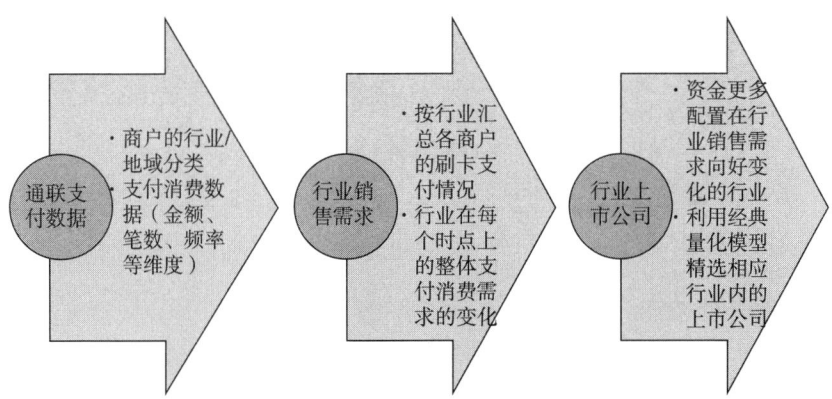

图 5 - 82　浙商大数据智选消费基金产品流程

5. 项目收益

该基金于 2017 年 1 月 11 日成立，截至 2017 年 11 月 13 日，累计收益率为 9.6%，年化收益率为 11.5%，夏普比率为 1.35。

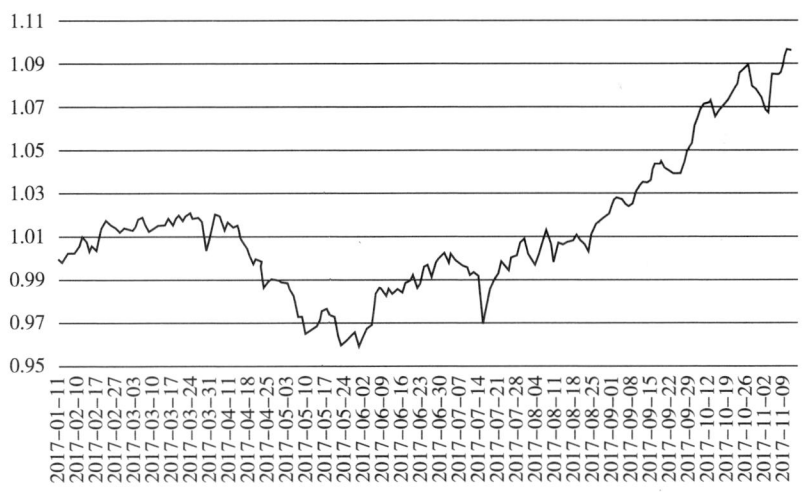

图 5 - 83　浙商大数据智选消费基金收益率变化示意图

二十三、智能投顾——中诚信资产交易智能扫描平台 AXIS①

1. 项目背景

近年来，互联网的广泛普及，大数据和人工智能等新技术的发展，给信用产业的革新提供了新的契机。如何将新技术成功应用于信用产业，使金融机构能够更加准确地进行对信用风险的识别、计量和定价，从而能够更加有效地管理信用风险？信息不对称是制约消费金融 ABS 市场发展重要的瓶颈，这个问题在资产方主体信用较低时尤为突出。破解消费金融 ABS 市场的信息不对称困局，实现风险可控且高效的资产流转，是 AXIS 系统在消费金融 ABS 领域要解决的核心问题。

2. 成果概述

中诚信征信自主研发的针对消费金融资产证券化信息服务解决方案——资产交易智能扫描系统（AXIS），在资产端，可以为主体信用不足但资产信用良好的资产方做到间接增信；在资金端，可以帮助投资者减少逆向选择的风险，增加优质的资产标的。对于整个市场，可以打通从借款人到 ABS 投资人的信息流和资金流，降低信息成本和资金成本。

资产交易智能扫描系统（AXIS）主要包含三个模块：

资产筛选：结合特定消费场景引入独立第三方信用评估，对资产进行智能化评估，对单笔贷款的欺诈风险和信用风险进行智能化评估，帮助资产方和投资人从源头上把控资产信用情况，基于大数据和机器学

---

① 主要参与人：周岳、钱重华、王湾湾。

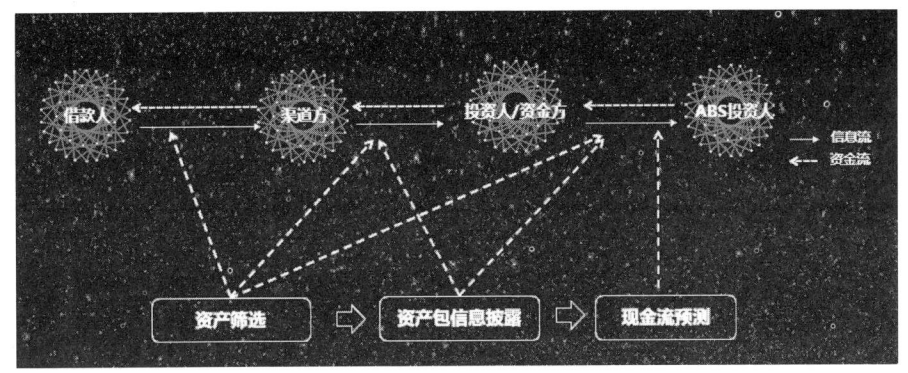

图 5 - 84　全周期的资产质量信息服务的价值

习模型的方法，在消费金融领域打通个人信用和资产信用的关联。

资产包信息披露：基于第三方大数据，自动化跟踪底层资产的信用风险，对资产包质量的变化情况进行跟踪监控，并且与其他资产包同期表现进行对比；在纵向（时间轴）和横向（其他资产包）两个维度对资产包质量的变化情况进行评估，对严重的风险信息进行及时的预警，逐笔展示和分析资产风险。

现金流测算：基于中诚信征信的机器学习与现金流模型，对资产端和证券端的现金流做出预测，资产端上基于转移矩阵的方法论，不仅能够预测是否违约，还可以预测何时违约；证券端上可以对市面上各种消费金融 ABS 交易结构进行证券端的现金流测算，用于 ABS 投资人的收益分析。

3. 解决方案

AXIS 系统的核心是"让资产更透明"，给信用资产的投资者提供更加全面的信息和更有效的分析工具，帮助投资者评估当前的资产状况，以及评估未来的投资损益。AXIS 系统结合特定消费场景引入独立第三方信用评估，基于大数据能力的专业化建模，逐笔扫描每笔资产，进行交叉检验，交叉对比，对单笔贷款的欺诈风险和信用风险进行智能化评估，系统可秒级处理千万笔资产的评分结果及现金流测算等功能。

在不侵害借款人隐私的前提下，投资者可以看到逐笔的底层资产的脱敏数据，以及中诚信征信作为独立第三方提供的信用评估。投资者还可以使用 AXIS 系统的现金流分析工具计算投资的风险和收益，并且依据投资风险偏好进行压力测试。此外，投资者还可以根据中诚信征信统一的信用评估标准，筛选出符合自身投资偏好的信用资产进行投资。

（1）单笔资产的信用评估

在单笔资产的信用评估上，AXIS 系统采用了"第三方数据 + 机器学习模型"的解决方案。传统的信用评估手段依赖于资产生成方提供的数据，这其中的问题在于投资者缺乏有效的手段防范资产生成方的道德风险。AXIS 系统在进行信用评估时，采用了第三方数据源提供的数据，数据质量相对较高，并且可以对资产生成方提供的数据进行交叉验证。此外，AXIS 系统主要基于机器学习模型进行信用评估。图 5 - 85 用一个案例展示了机器学习和传统统计方法间的不同。

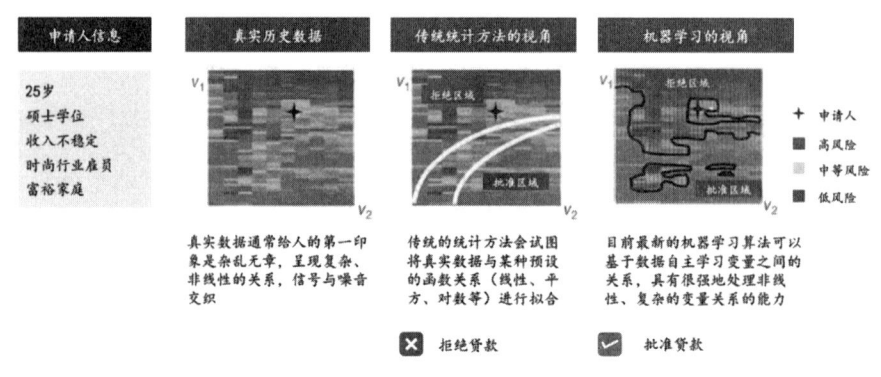

图 5 - 85 抵押贷款申请案例

图 5 - 85 的最左侧罗列了申请人的信息，右侧展示了三张风险热力分析图。最左侧的一张图展示了真实的历史数据。不同的色块代表了不同的风险等级。

从图 5 - 85 中可以看出，申请人处于由高风险区域环绕的中低风险区域之中。从左向右数第三张图展示了传统统计方法的视角。传统的统计方法会将真实数据与某种预设的函数关系进行拟合，其实质就是对图形进行切割。图中的两条白线展示了两种切割的方式，白线之上会被认为是高风险，从而拒绝申请；白线之下会被认为是低风险，申请会得到批准。第四张图展示了机器学习方法的视角。机器学习方法可以有效地挖掘变量之间复杂的非线性关系，对图中区域进行精细的切割，从而得到更加准确的预测。

AXIS 系统的机器学习模型采用了集成学习的框架，参考了美国广泛应用的征信局评分的建模理念和传统银行信用卡评估的标准，创新性地将互联网大数据和碎片化的个人信息数据应用与信用评估之中。其主要特点是：利用机器学习等方法解析数以亿计用户的数千维度信息；基于自主研发的动态数据规则引擎，有效将碎片化的互联网大数据应用于信用评估；创新应用了多模型交叉校验技术，比多维度信息的简单叠加更有洞察力。

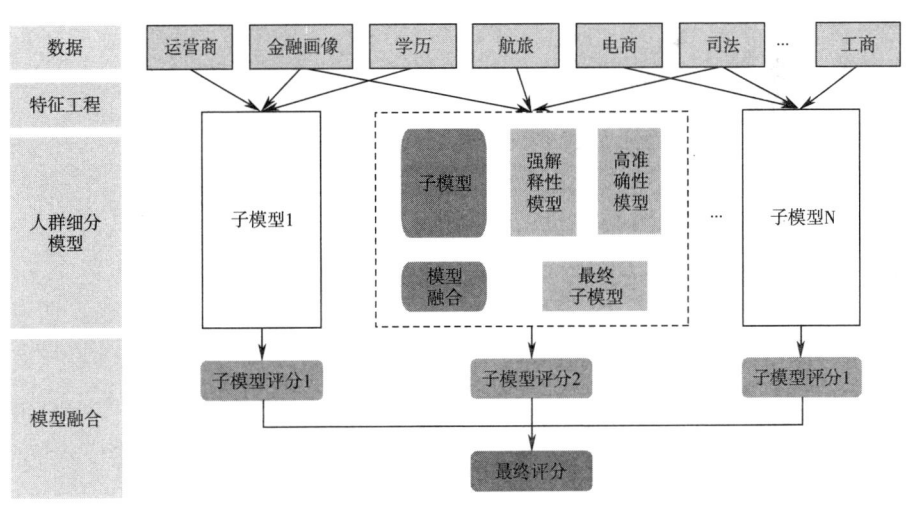

图 5 - 86　AXIS 系统的集成学习建模框架

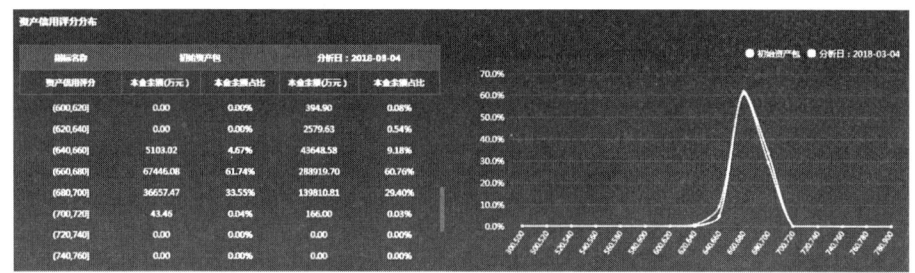

图5-87 AXIS系统中一个资产包样例的信用评分分布

（2）资产筛选

投资者在投资信用资产时，为了保证资产的质量，通常会要求资产符合一定的标准。资产筛选的目标是控制投资标的的信用风险，这要求资产筛选标准可以比较准确地预测还款人的信用能力，有效区分将会正常还款和可能违约的资产。

传统的资产筛选标准是使用年龄、学历、地区和收入等指标限定借款人的资质。这种方法的问题在于对于正常还款和可能违约的资产区分度不够，原因是它通常仅依赖于信息有限的少数指标，并且没有考虑到这些指标间的相关性。AXIS系统创新性地采用了基于机器学习模型的资产信用评分进行资产筛选。图5-88的案例对比AXIS系统的资产筛选标准与传统标准的效果。

上图基于一个真实的案例，比较了两种资产筛选的标准。其中之一使用了常见的指标组合：挑选借款人为本地人、年龄小于50岁、学历在本科及以上、月收入在5000元以上的资产。另外一个标准是挑选资产信用评分为650分以上的资产。从结果上来看，传统的指标组合拒绝了80%以上的资产，通过的资产的违约率为5.5%，而使用资产信用评分的拒绝率仅约为50%，通过的资产中违约率不到4%。使用AXIS系统筛选出来的资产，无论在数量上和质量上，都优于传统的指标组合。

（3）现金流测算

现金流测算的目的是预测信用资产在考虑违约、回收和提前还款

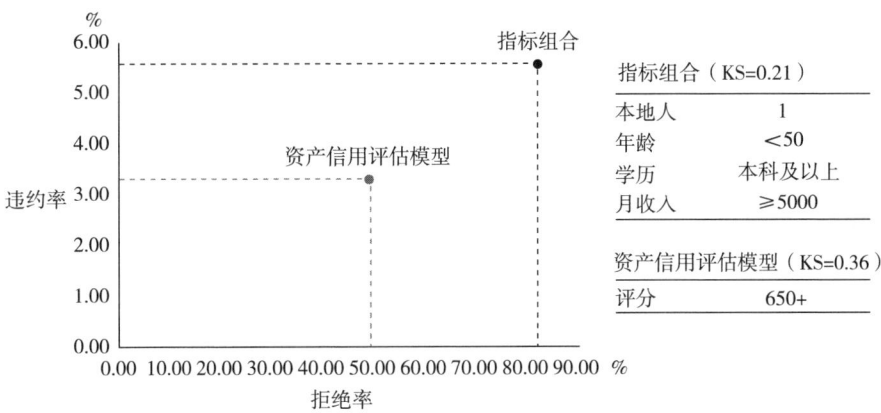

图 5 – 88　AXIS 系统的资产筛选标准与传统标准的比较

（为保护合作方商业机密，数据有所调整）

之后的实际现金流，并计算内部回收率、净现值等风险及收益指标。

　　AXIS 系统的现金流测算模型创新性地融合了机器学习模型和金融工程模型的方法论。如图 5 – 89 所示：现金流测算的起点是基于机器学习模型的资产信用评分，根据评分通过蒙特卡洛模拟的方法生成违约率、回收率、提前还款率的概率分布以及时间分布，从而对底层资产的现金流以及证券端的现金流进行预测，并计算出风险和收益指标。

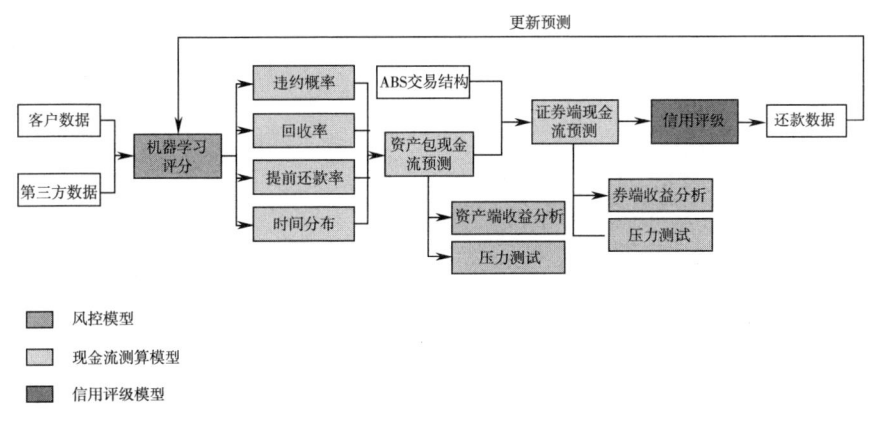

图 5 – 89　AXIS 系统的现金流测算模型框架

AXIS 的现金流预测模型有两点优势：（1）智能化：系统会根据机器学习评分给出推荐参数；（2）可配置化：用户可以对参数进行灵活调整，并进行多种压力测试。

图 5-90 展示了 AXIS 计算的基准、压力和极端场景的违约率的推荐参数，其中压力场景对应 95% 的概率，意即实际违约率小于压力场景的概率为 95%，极端场景对应 99% 的概率，意即实际违约率小于极端场景的概率为 99%。投资人可以依据自身的偏好设定现金流测算的参数并配置压力场景。

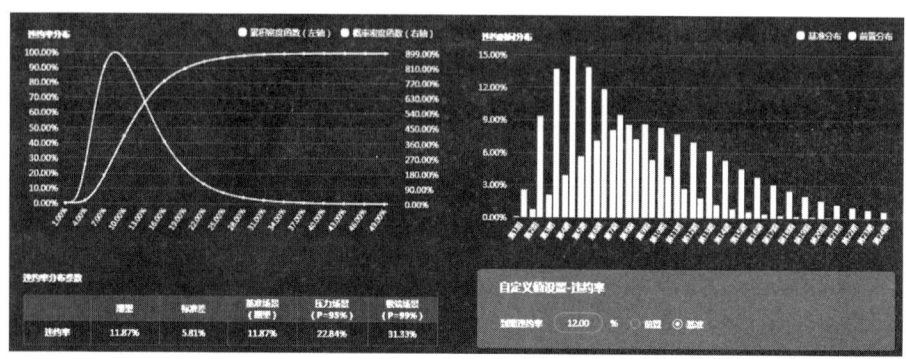

图 5-90　AXIS 系统的违约率概率分布和时间分布的推荐参数

图 5-91　AXIS 系统的压力情景配置

综上所述，AXIS 系统在单笔资产的信用评估、资产筛选和现金流测算三方面提出了创新的解决方案，让资产更透明，从而帮助金融机构实现更有效的风险管理。

4. 项目实施中克服的困难

消费金融资产信用信息不透明，投资人对底层资产"看不清、管不住"，难以准确衡量投资风险，导致优质的资产方无法对接到优秀的投资人，快速整合处理内外部信息并实时应用对资产进行逐笔扫描和交叉检验，解决信息不对称问题是面临的核心痛点。

AXIS 系统采用第三方的数据以及机器学习模型对入池资产进行逐笔的筛选和评估，可以有效识别道德风险，并降低投资者的潜在损失降低资产包的不良率和波动性，让资产更透明。

资产筛选：结合特定消费场景引入独立第三方征信评分，对资产进行自动化评估。对单笔贷款的欺诈风险和信用风险进行自动化评估，帮助资产方和投资人从源头上把控资产信用情况。对进入 ABS 资产包的资产进行自动化筛选，帮助资产方和投资人衡量资产池的信用风险。

资产包信息披露：基于第三方征信大数据，智能化跟踪底层资产的信用风险。对资产包质量的变化情况进行跟踪监控，并且与其他资产包同期表现进行对比；在纵向（时间轴）和横向（其他资产包）两个维度对资产包质量的变化情况进行评估。对严重的风险信息进行及时的预警，可以进行逐笔资产风险的展示和分析。

现金流测算：基于中诚信征信的机器学习与现金流模型，对资产端和证券端的现金流做出预测。资产端，基于转移矩阵的方法论，不仅能够预测是否违约，还可以预测何时违约。证券端，可以对市面上各种 ABS 交易结构进行证券端的现金流测算，用于 ABS 的分层与评级和投资人的收益分析。

5. 项目收益

自 2017 年 7 月产品发布以来，基于 AXIS 系统的在执行和洽谈的项目超过 20 个，由 AXIS 系统处理的资产超过 100 亿元。对于投资人，AXIS 系统可以帮助投资人从源头上把控资产信用情况，降低逆向选择的风险，增加优质的资产标的，实现更加精确的信用风险管理。对于资产方，AXIS 可以帮助资产方打通风控端和资金端，从而降低资金成本。基于已完成的项目数据的估算，中诚信征信基于 AXIS 系统的解决方案可以帮助资产生成方节省 0.3% ~ 0.5% 的资金成本。

二十四、基础数据——中国移动乾坤大数据[①]

1. 项目背景

在金融科技迅速发展的时代大背景下，金融行业面临互联网大数据应用的冲击，在多个业务领域对跨界数据有十分迫切的需求。中国移动拥有超过9亿的个人用户，日均产生海量的业务数据。借助运营商的数据资源，金融机构可以对用户的身份特征、消费能力、行为偏好、信用情况等进行综合分析，从而为用户画像、精准营销、用户身份验证、征信、风控、运营优化等工作提供支撑。

2. 成果概述

中国移动乾坤大数据产品是依托中国移动的海量数据资源，整合网络能力，打造的一款面向应用场景的多种数据产品和服务。产品面向银行等金融机构，提供基于大数据的数据标签、商业咨询、智能定位等服务，用于金融行业征信评估、风险管控、精准营销等业务领域，助力客户完善风险防控手段，为精细化运营提供保障。

3. 解决方案

（1）技术方案

中国移动在业务、管理、网络运营领域积累了海量的数据资源，大数据中心从业务、管理和网络运营域（B域/M域/O域）进行数据采集，并对数据进行拆分、清洗、标准化、结构化和存储。乾坤大数据产

---

① 主要参与人：魏冰、李云飞、宋可为、左麟、袁颖、尤飞。

品对接大数据中心,利用大数据中心的PAAS能力,面向金融行业的各类应用场景,形成SAAS应用向金融行业客户提供服务,并满足客户的定制化需求。乾坤大数据产品目前主要提供的三类产品和服务如下:

数据标签:8大类标签,1200+行业标签,主要包括实名验证、黑灰名单、消费信息、上网行为、号码状态、金融行业行为等。

智能定位:热点区域人流智能分析结合多重因素,分析市场潜力为精细化运营提供决策支撑。

商业咨询:结合定制化需求提供行业大数据咨询服务。

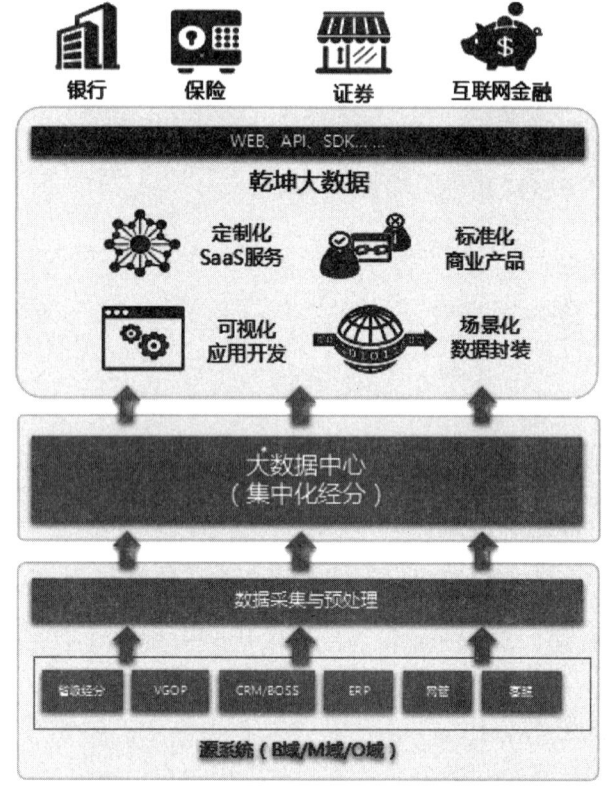

图5-92　系统架构

(2)关键技术

乾坤大数据平台采用了多项关键技术,保障了数据平台的可用性、稳定性和安全性。

多源数据整合与数据标准化：平台针对多种异构数据，通过数据标准化，对不同数据源采集的数据进行整合，从而提高了数据质量与可用性。

高可靠性、高稳定性的大数据平台：乾坤大数据平台采用了电信级大数据平台架构，组织专业的运维管理团队，确保平台稳定运行。

数据安全：平台采用了完备的数据分级管理制度，所有数据操作可追溯，数据间通过逻辑隔绝与物理隔绝的方式确保数据安全。

4. 项目实施中克服的困难

数据来源：乾坤大数据的数据来源主要是中国移动各类源系统（B域/M域/O域），涉及对全国海量的、跨域的数据采集、清洗、标准化和结构化，并形成符合金融行业应用需求的数据产品。

数据应用：在充分保障数据合规性的前提下，面对行业客户各类应用场景和应用需求，中国移动乾坤大数据产品团队对各类业务需求进行了深入的讨论和分析，在标签建设、业务模型设计、数据访问并发、定制化需求满足等方面投入了大量的研发资源。

信息安全：大数据的应用需要以安全合规为前提，在对数据采集、清洗、分析和提供服务的全过程，严格按照国家、工信部对大数据安全管理的体系要求开展，通过与公司内部信息安全部门、法律部门以及银行的法律、风险合规等部门的多轮深入讨论和沟通，在产品技术规范、服务规范、合作协议等不同层面形成了严格的安全控制要求。

市场需求：乾坤大数据主要是面向金融机构的 B2B 的产品，目标对象遍布全国，需要全面考虑业务开通、服务提供、用户管理、鉴权、计费、售后服务等多方面的问题。针对这种情况，在产品设计阶段，选用基于云计算架构的平台设计方案，聚合了中国移动网络资源、计费、用户管理、鉴权管理、运维管理等能力。

5. 项目收益

在人民生活水平日益提高、金融服务需求日益增长的阶段，金融行业迎来了发展机遇期，但同时又面临诸多挑战。互联网金融的出现，使营销、服务和运营压力激增，倒逼传统金融机构加快转型。消费者对金融服务体验需求的提升，驱动着金融服务模式、服务手段不断创新。同时，伴随而来的金融风险，如欺诈行为、信贷风险以及可能导致的坏账风险，也不断考验着金融机构的风控能力。金融机构在安全风控、精准营销、客户促活、提升用户体验、精细化运营方面涌现出大量的业务需求，尤其对跨界的大数据应用需求十分迫切。

借助运营商的数据资源，金融机构将可以对用户的身份特征、消费能力、行为偏好、信用情况等进行多维度、综合分析，从而为用户画像、精准营销、用户身份验证、征信评估、风控、运营优化等工作提供支撑。